조율과 공명

감성총서 · 24

조율과 공명

대중문화를 듣다

최유준 지음

도서출판 길

감성총서 · 24

조율과 공명

대중문화를 듣다

2018년 8월 20일 제1판 제1쇄 찍음
2018년 8월 25일 제1판 제1쇄 펴냄

지은이 | 최유준
펴낸이 | 박우정

기획 | 이승우
편집 | 이남숙
전산 | 한향림

펴낸곳 | 도서출판 길
주소 | 06032 서울 강남구 도산대로 25길 16 우리빌딩 201호
전화 | 02) 595-3153 팩스 | 02) 595-3165
등록 | 1997년 6월 17일 제113호

ISBN 978-89-6445-160-1 03670

이 책은 2008년 정부(교육과학기술부)의 재원으로 한국연구재단의 지원에 의한 것임(NRF-2008-361-A00006).

머리말

고대 그리스의 수학자 피타고라스Pythagoras는 천체의 움직임에서 우주의 화음을 들었다고 한다. 말도 안 된다고? 아니, 어쩌면 가능한 일일지도 모른다. 지구는 하루에 스스로 한 바퀴를 돈다. 그 속도를 상상해 본 적이 있는가? 비행기를 타고 날아도 하루에 지구 한 바퀴를 돌기 힘들다. 계산해 보면 지구 자전 속도는 적도상에서 시속 1,600킬로미터가량 된다고 한다. 설사 우리가 듣지 못한다고 해도 지구는 자전하는 동안 소리를 낼 것임에 분명하다. 그것도 일정한 주기적 진동수를 갖춘 음악적인 소리를.

다른 별들도 마찬가지다. 그들의 자전과 공전은 수학적 비례를 갖춘 상태에서 이루어진다. 다시 말해 별들은 자전하고 공전하면서 진동수의 비례를 갖춘 음들, 곧 화음을 만들어낼 것이다. 그러니, 이 도시의 소음을 온전히 침묵시키고 자연의 소리에 귀 기울일 수 있다면, 우리도 피타고라스가 들었던 우주의 화음을 들을지도 모른다. 설사 듣기는 어렵다 하더라도 그 우주의 화음에 우리의 신체와 마음이 공명共鳴할 수 있지 않을까?

조율과 정치

피타고라스의 화음harmony이라는 것은 일종의 환청일 수밖에 없지만, 그러한 환청이 현실을 구축해 온 것도 사실이다. 자크 아탈리Jacques Attali에 따르면, 동서고금의 음악이란 '소음의 제어'라는 형식으로 사회적 폭력을 길들이는 은유적 양식이다. 이 경우 음악은 근본적으로 정치적 함의를 갖는다. 우리의 일상에서 이해관계가 첨예한 여러 의견의 절충 과정에 대해서 음악 용어인 '조율'調律을 사용하는 것도 이 점에서 무리가 아니다. 여기서 조율은 화음을 그리며 혼돈의 소리 속에서 질서를 잡고자 하는, 음악과 정치의 근원적 접점을 가리킨다.

'예'禮와 더불어 '악'樂을 논했던 공자의 후예들, 유교 문명권의 정치가들은 피타고라스보다는 좀 더 현실적 차원에서 '지상의 화음'을 추구했다. 사례를 멀리서 찾을 것도 없다. 올해 초 평창 동계올림픽대회를 계기로 한반도의 극적인 평화 분위기가 연출되었을 때, 남북한의 정치가들은 우선적으로 음악을 통해 서로의 차이를 '조율'하려 했다. 정상회담에 앞서 북한 삼지연관현악단의 방남 공연으로 운을 떼더니, 4월 27일 판문점에서 이루어진 정상회담 당일에도 두 정상의 만남의 시간 가운데 여러 꼭짓점이 음악적 연행으로 채워졌다.

불과 몇 개월 전까지도 전쟁 가능성이 점쳐지며 남북이 극한의 대립 양상을 보이던 한반도의 정치 상황이었다. 어렵사리 성사된 정상회담에서 냉정한 협상보다 정서적 조율을 앞세우는 정치 문화에 대해 서방의 언론은 낯설어했다. 하지만 한국인들 다수는 미디어의 영상물로 전해지는 남북 정상의 정서적 소통에 더 큰 관심을 기울였다. 예컨대 피곤한 일정 끝에 애써 졸음을 참아가며 남한의 어린이가 부르는 노래를 듣고 환하게 미소를 지어 보이는 김정은의 모습은 북한 지도자에 대한 남한 사람들의 인식을 크게 변화시켰다. 독재자 전쟁광 이미지에서 친밀한 청년 지도자 이미지로의 극적인 전환, 그 비결의 일부는 치밀하게 연출된 음악적 연행과 조율의 힘에 있었다고 할 것이다.

'조율'이라는 음악 용어를 차용하여 타협과 절충이라는 뜻으로 쓰는 것은 한국어에만 고유한 어법으로 보이지만, 조율은 음악적 맥락에서 이미 그런 은유적 의미를 내포하고 있다. 조율은 일정한 기준, 즉 합리적 법칙을 전제하기 때문이다.• 조율 행위를 기초로 하는 동서고금의 음악 문화는 합리성(이성)과 감성의 양극단 사이에서 진자 운동을 해왔다. 수학적으로 양식화된 바흐의 푸가와 헤드뱅잉의 헤비메탈을 대비해 보는 것으로는 충분치 않다. 음악은 그 자체로 지극히 합리적인 동시에 지극히 감성적(혹은 감정적)이다. 어떤 음악에 대해서든 논리적이고 이성적인 방식으로만 접근하거나 반대로 감성적인 방식으로만 접근한

• '조율'이라는 한자 개념어에서 '律'(율)은 음악에 쓰는 음을 뜻하는 글자인데, 처음 만들어질 때의 상형문자는 앞의 두인변(彳)이 없는 '聿'(율)이었다. 한자사전에서는 '붓 율' 자로, 붓을 형상화한 글자라고 설명하고 있지만, 중국 고대사와 음악 사회사 분야의 전문가인 전남대 사학과 이성원 교수에 따르면, 이 글자가 만들어질 당시에 붓은 존재하지도 않았고, 이 글자는 붓이 아니라 피리 형태의 취주악기를 형상화하고 있다고 한다. 피리는 타악기를 제외했을 때 인류의 가장 원형적 악기다. 그런데 피리의 구멍(지공)을 제멋대로 뚫어서는 소리가 나지 않는다. 원시 인류는 피리에 구멍을 뚫으면서 막연하나마 '합법칙성'에 대한 최초의 자각을 얻었을 것이다. 한자어 '율'(聿/律)이 일찍이 '법칙'이라는 뜻으로도 쓰이게 된 연유라고 이 교수는 지적한다. 그 '법칙'은 신과 같은 초월적 존재에 의해 주어진 것으로 가정할 수도 있으며, 수학적으로 탈신화화한 자연과 우주의 법칙으로서 받아들여질 수도 있을 것이다. 조율의 기초가 되는 배음렬 현상 등의 음향학적 원리는 문화와 역사를 초월하겠지만, 실제로 음악에 쓰는 음들은 상대적 차원을 넓게 갖는다. 시대와 문화의 차이에 따라 기본적인 음계 음들도 조금씩 다르게 선택될 뿐만 아니라 선율법, 창법, 리듬 등의 다양한 문화적 변수에 따라 조율의 의미는 상이하게 규정될 수밖에 없기 때문이다. 요컨대 조율의 객관성과 상대성은 관습법의 객관성과 상대성에 조응한다.

다면, 어느 경우든 모두 길을 잃게 마련이다.

이제 이 책의 제목에 쓰인 '조율'의 은유적 함의를 좀 더 분명하게 드러낼 수 있을 듯하다. 여기서 조율은 음악과 음악 아닌 것 사이의 공통 지대, 그리고 합리적인 것과 감성적인 것의 공통 영역에서 이루어지는 타협과 절충을 의미한다. 어느 경우든 조율은 저마다의 조화(화음)와 공명을 지향한다. 이 책에 실린 여러 글에서 나는 음악 문화를 중심으로 대중문화 속 크고 작은 목소리가 빚어내는 화음과 불협화음, 소음에까지 귀를 기울이면서 그 이면의 조율 행위를 관찰하고 비판할 것이다.

공감장과 대중문화

일상의 정치는 말할 것도 없고, 앞서 거론한 남북 정상회담의 사례에서 보듯 대의정치가 이루어지는 공론장 역시 '공감의 장'(공감장)과 불가분 얽혀 있다.• 합리적 소통과 감성적 소통의 뒤섞임은 한국 정치의 특수성이라기보다는 초강력 파워 트위터리언 도널드 트럼프Donald Trump가 이끄는 미국을 포함한 사실상 전 지구적 현상이다. SNS와 팟캐스트를 포함한 각종 대안 매체가 정치적 여론을 구축하는 디지

• '공감장'(共感場, sympathetic field)은 내가 속한 전남대학교 감성인문학연구단이 공동 연구를 통해 제안한 개념이다. "우리는 감感이 사람들 사이의 상호작용을 통해 촉발되고 형성되는 사회적 감성으로서 공감 현상에 주목한다. 그리고 우리는 공감 안에서 너와 나의 신체가 정情의 운동을 통해 변용되거나 변용하는 사회성의 메커니즘이 작동한다는 전제에서 출발한다. 이로부터 공통의 역사적 기억에 기초한 공감 현상이 갖는 정치성과 문화성의 메커니즘을 분석하는 것이 우리의 과제다. 이러한 역사성, 사회성, 정치성, 문화성의 메커니즘이 공감의 형식으로 구조화되거나 구조화하는 장이 바로 공감장이다." 전남대학교 호남학연구원, 『공감장이란 무엇인가』, 도서출판 길, 2017, 21쪽.

털 미디어 시대에 정치적 공론장은 많은 부분 '대중문화'의 속성을 보이고 있다. 이 시대의 파워 엘리트는 자신의 연극적 역량을 한껏 발휘하여 대중적 영향력과 정치 권력을 확대해 가고 있는 것이다.

한편으로 디지털 미디어 시대에 대중들의 정치적 역량 역시 커지고 있다. 몇 년 전 '국정농단'의 정치적 주역에 맞서 "염병하네!"를 외쳤던 환경미화원 아주머니의 목소리는 SNS를 통해 공유되면서 빠른 속도로 대중의 공감을 불러일으켰다. 그것은 크고 작은 '촛불집회'로 가시화되곤 하는 대중문화와 공감장의 정치적 역량을 예시한다.

2017년 영화 「쓰리 빌보드」Three Billboards Outside Ebbing, Missouri 속 세 개의 거대한 광고판(빌보드)은 대중문화의 정치적 잠재력을 적잖이 뒤틀린 방식으로 보여 준다. 끔찍한 강간살인 사건의 피해자로 딸을 잃은 분노에 찬 주인공은 범인을 찾지 못한 채 딸의 사건이 미제 처리되어 가는 상황을 순순히 받아들이지 않고 공격적 방식으로 대응한다. 경찰서장의 무능을 질타하는 한줄 논평을 거대한 광고판 세 개에 이어서 게시한 것이다. 도로변의 빛바랜 상품 광고판이 주인공의 공적 표현 도구가 되었다. 여기서 경찰이라는 국민국가 공권력의 대표와 광고판이라는 자본주의 대중문화의 표상 사이에서 이루어지는 정면 대결은 흥미로운 대조를 만들어낸다.

영화는 광고판의 센세이셔널 효과로 패닉에 빠진 경찰들의 모습을 통해 평범한 한 시민의 정치적 행위에 의해 공권력이 휘청거리는 전복적 상황을 묘사한다. 여기서 개인 미디어로서 주인공의 광고판은 텔레비전 뉴스와 같은 주류 언론과도 대립 양상을 보이며 일시적이나마 그 영향력을 넘어서는 듯 보인다. 나아가 광고판을 매개로 약자들의 연대와 같은 것이 이루어지기도 한다. 여기에서 혁명적 계기와 같은 것을 찾을 수 있을까? 영화는 신중하게 이 질문에 대한 답변을 유보한다. 광고판으로 싸우는 주인공의 모습은 처절하지만 온전히 정의로운 것만은 아니었으며, 광고판의 승리가 곧 약자들의 승리일 수는 없었다. 영화의 마지막에서, 상호 인정의 공감과 인간성의 조율 가능성을 암시할 뿐이다.

대중문화를 듣다

광고판을 의미하는 영어 '빌보드'는 세계적 권위의 대중음악 인기차트를 가리키는 고유명사이기도 하다. 최근 한국의 아이돌그룹 '방탄소년단'BTS이 앨범 인기 순위 차트인 '빌보드200'의 1위에 오르며 국내외에서 큰 화제를 불러일으켰다. 수년 전 「강남스타일」의 싸이가 싱글 차트 2위에 그친 데 비하면 큰 진전이다. 속을 들여다보면 양자 사이에는 큰 차이가 있다. 싸이의 글로벌 팬들이 낯선 문화에 대한 호기심을 내보이는 데에 그쳤다면, '아미'ARMY라고 불리는 방탄소년단의 글로벌 팬들은 종교와 국적, 언어의 차이를 초월한 정서적 연대와 그로부터 자발적으로 추동되는 체계적이고 집단화된 행동을 보여 준다. '아미'는 그 자체로 괄목할 만한 글로벌 문화 현상이 되어가고 있다.

방탄소년단의 글로벌 팬덤은 '디지털 혁명'이라 일컬어지는 이 시대의 기술적 환경 변화를 배경으로 한다. 인터넷 뉴스 기사의 댓글이 끼치는 영향력에서 볼 수 있듯이, 디지털 매체 변화가 이끌어내는 정보 생산자와 수용자 사이의 전례 없는 쌍방향 소통을 우리는 일상 속에서 체감하고 있다. 이러한 쌍방향 소통이 음악계에서 두드러지게 나타나는 것도 놀라운 일이 아니다. 아날로그에서 디지털로의 매체 전환과 콘텐츠 전환이 음악만큼 선행적이면서 철저하게 이루어진 분야도 없기 때문이다. IMF 경제위기를 극복하는 과정에서 정부 주도의 급속한 음악 산업 재편을 경험했던 한국의 대중음악계가 특히 그랬다. 요컨대 글로벌 매체 환경의 '혁명적' 변화가 세계 대중음악계의 변방이었던 한국의 보이그룹을 화려한 글로벌 '광고판' 위에 등장시킨 셈이다.

그래보았자 억압적인 아이돌 문화 산업의 산물일 뿐이라는 냉소도 있다. 냉소와 열광 사이, 양극화된 관점은 20세기 초반 식민지 조선의 초기 대중문화를 바라보는 양극화된 시선에 비유할 만하다. 한쪽 극단에는 일본제국주의의 조종과 조작에만 집중하는 관점이 있고, 다른 쪽 극단에는 '모던 걸'과 '모던 보이'에 의해 탐구된 현대성을 추어올려 찬미하는 시선이 있다. 이러한 양극단 사이, 이식론과 자생론 사이의 균형과 조율이 필요하다. 문화 산업 비판과 탈근대 대중문화 예찬론 사이에서도 마찬가지다. 대중문화는 수많은 이해관계 속에서 서로 다른 행위주체가 타협하고 절충하는 실천의 장이다. 다성적인polyphonic '대중'의 목소리, 종종 대위법적으로 어지럽게 얽혀가는 서로 다른 주제의 그 목소리들을 어떻게 경청할 수 있을 것인가?

나는 냉소와 열광 어느 쪽도 피하면서, 대중문화 텍스트를 통해 메아리처럼 반향하는 일상의 목소리를 듣고자 한다. 예컨대 방탄소년단과 '아미'의 활약 속에는 초국적 연대의 이상적 공동체가 엿보이기도 하지만, 동시에 SNS를 통해 동료들로부터 '인성'을 시험받으며 매순간 배제의 위협에 시달리는 한국 청소년들의 불안한 일상이 겹쳐 보이기도 한다. 후자의 목소리에 귀를 기울이는 것은 방탄소년단의 뮤직비디오 속에 담긴 사회 비판의 메시지를 읽어내는 것 이상으로 중요하다.

가장 전위적인 '현대음악'에서 오히려 잘 드러나듯 음악은 이미 전통적인 음 예술의 경계를 넘어 '비음악'과 융합되며, 더 넓은 문화의 영역으로 나아가 일상과의 접점을 만들고 있다. 이른바 '순수음악'에 대한 관습적 구별의 논리가 더 이상 무의미해 보이는 대목이다. 그럼에도 여전히 예리한 음악 분석적 관점은 필요한데, 이제는 음악과 융합된 우리의 일상을, 곧 대중문화를 '들어야' 하기 때문이다.

저 화려한 광고판의 스펙터클로부터 가만히 고개를 돌려 귀를 기울이면, 정서적 연대와 전체주의적 합성이 중첩되어 들리는 소리(호모포니homophony)에서 저마다의 리듬을 타는 소리(헤테로포니heterophony)까지 다성적polyphonic 소리의 변주가 들려올 것이다. 그리고 천체의 화음을 들었다고 하는 피타고라스처럼 그 난장의 소리 사이에서 이루어지는 조율의 소리를 들을 수 있을 것이다. 우리는 모두 조화와 공명, 공감의 우주를 꿈꾸며 저마다 소리를 내는 음악적 인간Homo Musicus이기 때문이다.

차례

제2장 조율 음악과 음악 사이

제3장 **공명** 음악과 문화 사이

제1장

무지카시네마 음악과 영화 사이

01 / 진정성 과잉 추구 시대의 음악

「원스」와 「원스 어게인」

진정성을 찾아서

영화 「원스」Once의 감독 존 카니John Carney는 원테이크 라이브 녹음과 두 대의 핸드 헬드 카메라로 음악영화 역사상 손꼽을 만한 아름다운 음악 장면을 연출했다. 악기 가게에서 두 남녀 주인공이 「폴링 슬로울리」Falling Slowly를 부를 때와 같은 대중음악의 '진정성'이 실현되는 소박하면서도 극적인 순간이 영화 속에 생생하게 담겼다.

진정성이란 모호한 개념이지만, 한때 대중음악이 가질 수 있는 거의 유일한 미학적 가치로 간주되었다. 진정성이 상업성에 물들지 않은 진정한 소통을 의미하는 한 그것은 또한 가난하고 상처받은 이들, 주류에 편입할 수 없는 타자他者를 위한 전유물처럼 여겨졌다. 영화 「원스」의 주인공들도 그렇다. 남자는 가전제품 수리점을 운영하는 아버지를 도우며 길거리 공연을 하는 가난한 가수 지망생이며, 여자는 어린 딸과 영어 소통 능력이 없는 어머니를 부양해야 하는 체코 출신의 이주민이다. 영화의 배경도 아일랜드의 더블린이다. 대중음악이 풍겨왔던, 하지만 지금은 순화되고 잊혀진 타자성의 이미지가 총동원된 느낌이랄까.

그래서 이 영화는 성공을 향해 한걸음씩 나아가는 한 가수 지망생의 구체적 삶의 이야기가 아니라 진정성을 추구하던 대중음악의 어느 한 시기를 회고하는 전설이나 동화처럼 읽을 수도 있다. 남녀 주인공의 이름조차 영화의 마지막 순간까지 드러나지 않기 때문에 더욱 그렇다. 우리는 영화 속 남자와 여자를 고유명사로서 이름이 있는 개별적 존재로 보지 않고 20세기의 진정성 있는 뮤지션을 대표하는 보통명사로 간주할 수 있을 것이다. 실제로 이 영화는 편집증적으로 음악 생산의 20세기적 조건(버스킹-리허설-은행 대출-데모 음반 녹음-중앙 무대 진출로 이어지는)을 세세하게 펼쳐 보인다.

20세기 말 포스트모던적 가치관이 자리 잡으면서 진정성에 대한 지향이나 추구는 소멸된 것처럼 보이지만, '진정성'이라는 비평 용어가 자취를 감췄을 뿐 대중의 내밀한 진정성 추구는 오히려 강화된 측면도 있다. 사실상 21세기는 '진정성 과잉 추구의 시대'이기도 하다. 음악에서 그 명백한 징후는 「슈퍼스타K」나 「TOP 밴드」, 「K팝스타」와 같은 리얼리티 오디션 프로그램의 유행이다. 21세기의 청중은 오디션 프로그램에서 무엇을 찾고 있을까? 당연히, 가짜가 아닌 진짜, 아직 상업성에 물들지 않은 진정성 있는 뮤지션의 음악이다. 그들이 내밀하게 진정성을 추구하지 않는다면, 좀 더 완성된 프로페셔널의 무대가 아니라 아마추어의 무대에 그토록 탐닉하는 이유를 설명하기 어려울 것이다.

사실상 21세기의 청중은 20세기 청중처럼 뮤지션의 '음악'만으로 진정성을 가늠하는 것으로는 만족하지 못할 만큼 한층 과격해졌다. 그들은 뮤지션의 삶의 태도, 가치관, 동료들과 관계 맺는 방식, 음악을 만드는 전 과정까지 투명하게 지켜보면서 진정성을 평가하려 든다. 실제 뮤지션의 생생한 라이브 연주와 그들의 소박한 삶의 모습이 담긴 영화

「원스」는 그렇게 21세기의 청중과 행복하게 조우했다. 그것은 영화로 연출된, 상상 가능한 가장 훈훈한 리얼리티 오디션 프로그램의 장면들이기도 하다.

'원스 어게인'

15만 달러의 제작비로 17일간 촬영한 아일랜드의 독립영화가 미국 아카데미 주제가상까지 받았으니 음악영화로서 그 이상의 성공은 있기 어려울 것이다. 영화 「원스」의 이러한 큰 성공은 물론 의심의 여지없이 감동적인 음악과 그 음악적 감흥의 결을 세심하게 살려낸 연출의 힘에서 비롯되었지만, 앞서 말한 '진정성 과잉 추구 시대'와도 관련이 있다.

음악영화로서 「원스」의 독특한 점은 이 영화가 사실상 음악 그 자체이기도 하다는 사실이다. 가령, 기존의 OST 음반이 (음악영화의 OST라 하더라도) 영화 속 뮤지션의 정식 음반이기가 어려웠다면, 「원스」의 OST는 그럴 수 있었다. 이는 「원스」의 성공 요인이기도 하지만, 다음과 같은 물음을 우리에게 남겼다. 「원스」의 OST 음반은 누구의 음반일까? 영화 속 '남자'와 '여자'의 음반일까, 아니면 그들을 연기한 실제 뮤지션 글렌 핸사드Glen Hansard와 마르케타 이글로바Marketa Irglova의 음반, 다시 말해 그 둘이 결성한 듀오 '스웰 시즌'의 음반일까?

영화 「원스」의 성공 직후 실제 연인이기도 했던 글렌 핸사드와 마르케타 이글로바의 영화 촬영 뒷이야기를 담은 다큐멘터리 영화 「스웰 시즌」The Swell Season, 2011이 제작되었다. 이 영화의 제목은 한국에서 개봉될 때 '원스 어게인'이라는 제목으로 바뀌었는데, 영화 수입업체의 의도와는 무관하게 적절한 번안 제목이기도 했다. 이 다큐멘터리 영화는 영화 「원스」의 영광과 음악적 감흥이 과연 현실에서 재연될 수 있을지를 관객에게 묻고 있기 때문이다.

다큐멘터리 속에서 핸사드와 이글로바는 영화 「원스」의 흥행 성공으로 갑자기 치솟은 인기 덕분에 빡빡하게 짜인 투어 일정을 힘겹게 소화하면서 나날이 지쳐간다. 특히 나이가 어리고 뮤지션으로서의 경험이 부족한 이글로바는 심신의 피로감을 느끼면서 자신을 마치 유명 배우처럼 대하는 팬들의 모습을 도저히 받아들일 수 없게 된다. 결국 다큐멘터리 제작진은 애초 의도와는 달리 두 사람의 연인 관계가 갈등 속에서 파경에 이르는 과정을 카메라에 담는 것으로 만족해야 했다.

핸사드와 이글로바, 즉 현실 속의 듀오 '스웰 시즌'은 대중의 선망 어린 시선과, 특히 「원스」의 두 주인공이 무대 위에 재림할 것이라는 식의 감당할 수 없는 기대에 큰 부담을 느낀다. '스웰 시즌'은 수록곡의 상당수가 「원스 OST」2007와 겹치는 데뷔 음반 「스웰 시즌」2006과 「원스」 촬영 후에 발표한 「스트릭트 조이」2009만을 정규 음반으로 남긴 채 해체되었다. 「원스 OST」는 '스웰 시즌'의 음반이었을까? 물론 그것은 '스웰 시즌'의 음반이었지만 자기부정적 음반이기도 했다.

진정성 소비의 일회성

대중의 기대를 한몸에 받는 것은 대중음악가의 영예이자 숙제다. 20세기의 음악가들도 첫 번째 음반에서 큰 성공을 거두면 대중의 높아진 기대에 적잖은 부담을 느끼며 두 번째 음반을 준비해야 했다. 하지만 적어도 지난 세기의 대중음악가들은 노래를 만드는 과정에서 파트너와 콜레보레이션하는 모습 등을 가지고 대중으로부터 음악성과 진정성을 평가받지는 않았다. 소박한 성공에 이를 때 어떤 표정을 짓는

지, 성공을 향해 한걸음 더 나아가게 되었을 때 뒤처져 남겨진 이에게 어떤 아량을 베푸는지를 가지고 그 진정성을 시험받지는 않았다.

새로운 음반으로 재도전할 수 있었던 지난 시대의 음악가들과 달리, 이제 새로운 시대의 음악가들은 한번 그 냉혹한 진정성의 시험대를 통과하고 나면 다시 동일한 진정성의 시험대에 올라갈 수 없다. 예컨대 누가 다시 핸사드와 이글로바를 주인공으로 「원스」와 같은 영화를 만들어주겠는가. 그것은 「슈퍼스타K」의 우승자가 또 다른 「슈퍼스타K」에 재도전할 수 없는 것과 같다.

진정성 과잉 추구 시대란 결국 진정성을 일회적으로 소비하고, 뮤지션의 진정성을 일회적으로 착취하는 시대이기도 하다. 이 시대의 물질적 배경에는 음반 산업의 몰락이라는 대세적 흐름이 있다. 그러고 보니 '원스'라는 영화의 제목도 진정성 소비의 일회적 성격을 암시하는 듯해서 섬뜩해진다. 이 따뜻하고 로맨틱한 영화에 대놓고 할 소린가 싶지만 말이다.

02 / 노래가 구원을 줄 수 있을까
「비긴 어게인」

음악지상주의

영화 「비긴 어게인」2013의 영어 제목은 그대로 'Begin Again' 이지만, 지금은 부제로 쓰이는 원제가 따로 있다. 바로 '노래가 구원을 줄 수 있을까?'Can a song save your life?이다. 영화는 진지하게 음악을 생각한 사람이라면 언젠가 한 번 던져보았을 질문, 다소 철지난 듯한 이 질문을 집요하게 탐구한다. 그리고 이 질문에 과감하게 'Yes'로 답한다. 실제로 이 영화에서 노래와 음악은 많은 사람들을 구원한다.

그러니 주인공들의 표면적 연인 관계에만 주목하여 이 영화가 해피엔딩이 아니라는 식으로 말하면 곤란하다. 전작前作인 「원스」에서도 그랬지만 존 카니 감독의 관심은 주인공 연인 사이의 사랑 그 자체에 있지 않다. 그의 관심은 과하다 싶을 정도로 음악에 집중해 있다. "음악에 치우쳐 스토리를 잃었다"라는 영화평론가들의 정형화된 비판도 적절해 보이지 않는 것이 이 영화의 스토리는 오직 음악을 위해, 그리고 음악에 의해 구성되어 있기 때문이다.

예를 들어 이 영화의 플롯과 관련하여 다음과 같은 물음을 던져볼 수 있을 것이다. 마지막 순간 여주인공 그레타는 어째서 데이브의 콘서트에서 재결합의 기쁨을 나누는 대신에 눈물을 흘리며 돌아서야 했을까? 자신이 써준 노래를 부르는 데이브의 모습에서 진심을 느끼지 못해서? 아니다. 무대에서 데이브는 그녀를 위해 최선을 다한 것으로 보인다. 다만 그 순간 그레타가 주목한 것은 데이브가 아니라 청중이었다. 스타가 된 데이브의 노래에 열광하는 청중의 모습, 그녀는 자신의 노래가 그들로부터 소외되는 것을 느낀 것이다. 데이브와의 관계가 예전으로 돌아갈 수 없을 것이라는 그녀의 판단은 이들 청중과 자신의 노래 사이의 관계로부터 추론되었을 뿐이다. 이 얼마나 잔인한 음악지상주의적 연애인가?

그레타는 데이브가 바람피운 사실조차 데이브의 음악을 듣고 알아낸다. 이렇듯 존 카니 감독은 「원스」에 이어 「비긴 어게인」에서도 그 흔한 키스신조차 없이 철저하도록 음악에 집중된 로맨스를 표현해 냈다. 단순히 음악가가 주인공인 로맨스 영화가 아니라 음악이 연인 사이의 심적 관계만이 아니라 사실상 육체적 관계까지도 그려내며, 나아가 극중 인물의 모든 사회적 관계까지도 은유해 내는 음악지상주의적 음악영화를 연출해 낸 것이다.

절망의 공동체

다시 구원의 문제로 돌아와 보자. 영화의 첫 장면, 그레타가 뉴욕의 자그마한 라이브 술집에서 뜻하지 않게 부르게 되는 노래(「A Step You Can't Take Back」)는 지하철에서 자살을 결심한 누군가의 심경을 다루고 있다.

선로를 따라 지하철이 들어오고 있어
고통은 어둠 속에서 지워지네
마지막 한걸음을 내딛을 준비가 되었니?
되돌아갈 수 없는 걸음을

그레타 혼자서 기타를 치며 노래를 부르는 첫 장면에서 이 절망의 노래는 영화를 보는 관객을 위한 것이다. 관객은 등장인물에 대한 아무 정보 없이 이 노래를 들으며 노래 속 화자의 목소리를 듣게 된다. 이후 영화는 두 번이나 시간을 거슬러 올라가 댄과 그레타의 절망적 사연을 차례로 펼쳐 보인다. 그레타는 실연의 충격이 주는 절망을 안고 있다. 이에 비해 댄의 절망은 좀 더 사회적이다. 그에게도 실연의 아픔이 있지만, 그의 절망은 남편과 아빠로서의, 무엇보다 직업인으로서의 실패에서 비롯된다. 절망적 사연이 현재의 시간에서 교차하면서 반복되는 저 절망의 노래가 그레타와 댄을 정서적으로 연결해 준다. 아니, 처음 그 노래를 들었던 관객까지도 이 절망의 공동체에 합류하고 연대하도록 이끄는 것이다.

이 영화는 '절망의 노래'에서 찾은 '절망의 공동체'로부터 영화 속 주인공이 자기 삶의 새로운 동력을 얻는 과정을 그려내는 데에 주력한다. 그러면서도 흔한 '힐링'과 '갱생'의 자기계발 스토리로 변질되지 않는 이유는 음악이 갖는 따뜻한 공감과 연대의 힘에 주목하고 있기 때문이다. 영화는 단순히 그레타와 댄의 재기와 영웅적 성공담에 초점을 맞추고 있지 않다. 따분한 음악 노동에 갇힌 뮤지션들, 모멸감에 시달리는 10대, 심지어 할렘가의 아이들까지도 (영화의 리얼리티가 훼손되는 위험을 불사하면서까지) 함께 노래하고 연주하게 함으로써 절망을 희망으로 변화시키는 음악적 소통의 '사회적' 힘을 그려내고자 하는 것이다.

이 영화에서 가장 유쾌하고 아름다운 장면은 댄과 그레타가 스마트폰에 담긴 음악을 와이잭으로 연결된 각자의 헤드폰과 이어폰으로 함께 들으며 뉴욕의 거리를 활보하는 음악 데이트 장면일 것이다. 이 장면 끝에서 댄은 뉴욕 거리의 일상적 밤풍경을 바라보면서 그레타에게 말한다. "이래서 내가 음악을 좋아하지." 왜냐고 되묻는 그레타에게 그는 답한다. "가장 따분한 순간까지도 갑자기 의미를 갖게 되니까."

댄의 말처럼 판에 박힌 일상에서 무의미해 보였던 시간이 갑자기 리듬을 타고 흐르면서 우리에게 의미로 충만한 시간으로 다가오는 것, 다시 말해 풍부한 제의적 체험의 순간을 안겨주는 것이 음악적 구원의 본질이다. 이 구원이 절망의 노래에서 시작된다는 것은 역설적이지만 당연한 일이기도 하다. 판에 박힌 일상 속 경직된 시간은 도시 속 삶의 고통이 남긴 침묵을 동력으로 삼기 때문이다. 그 고통에 대한 공감과 연대('절망의 공동체'를 통한)는 침묵과 함께 석화된 시간을 넘어서 소통하기 위한 전제 조건이 된다.

대안적 음악 소통은 가능할까

최근 유행하는 치유(힐링) 담론이 대부분 거짓인 이유는 인간의 절망과 고통이 사회적으로 만들어진다는 사실, 따라서 그 극복과 치유 또한 사회적으로 이루어져야 한다는 사실을 은폐하고 모든 문제를 개인의 심리학으로 집중하기 때문이다. 음악적 치유와 관련되는 물음 역시 개인의 심리적이거나 영적 체험의 문제로 환원해서 다루어서는 안 된다. 결국 "노래가 구원을 줄 수 있을까?"라는 물음은 이 사회에서 노래(음악)가 처한 물질적 조건에 대한 물음이기도 하다. 음악영화를 연출하는 카니 감독의 장점은 이러한 물음을 회피하지 않고 오히려 정면으로 돌파해 가는 데에 있다.

엔딩 크레딧이 떠오르는 가운데 그려지는 맨 마지막 장면에서 그레타는 음반 기획사의 파격적 제안을 물리치고 '아이튠즈'를 통한 자가 배급의 모험을 선택한다. 앨범 전체를 1달러에 내놓고 그 수입을 녹음에 참여한 모든 뮤지션과 균등하게 나누어 가진다는 과감한 결정과 함께. 마지막 장면은 도시의 열린 공간에서 일상의 소음까지 담아낸 앞서의 여러 녹음 장면과 연결되면서 기존 음악 산업의 한계를 넘어서 뮤지션의 연대에 입각한 대안적 음악 소통의 가능성을 탐색해 보려는 스크린 너머의 실천적 의지로 읽힌다.

「원스」에서 표현되었던 음악적 진정성이 아직 시장에서 상품으로 진열되기 전의 때묻지 않은 순수성과 관련이 있다면, 「비긴 어게인」에서 진정성은 시장을 스스로 만들고 뮤지션이나 청중과 새롭게 소통하고 연대하는 데서 찾아지는 것이다. 할리우드의 영화 자본과 손잡은 이 영화의 태생적 조건상 그 진정성은 여러모로 의심스러워졌지만 말이다.

03 / 그녀들의 혹은 우리들의 현실

「나인 뮤지스, 그녀들의 서바이벌」

리얼리티 속 리얼리티

한국의 아이돌 그룹이나 아이돌 문화에 대해 논평을 한다는 자체가 적잖이 어려운 일이 되었다. 일단 무슨 이야기를 해도 진부해지기 쉽다. 특히 30대 이상의 아저씨 세대가 걸그룹에 대해서 논하는 방식은 더욱 뻔하다. 비판이나 부정을 하면 꼰대 같고, 긍정을 하면 느끼해진다. 그러니 대부분의 사람들이 그렇듯 입 닫고 모른 척하는 게 속 편한 일이다. 언론에서 곧잘 보도되는 아이돌 팝을 중심으로 한 케이팝 K-Pop 한류의 '대박' 소식에 대해서도 그저 강원도의 카지노에서 흘러나오는 소문 대하듯 나와 무관한 것으로 치부하면 그만이다. 그런데 과연 그럴까?

한국의 걸그룹 '나인 뮤지스'의 데뷔 과정을 기록한 다큐멘터리 영화 「나인 뮤지스, 그녀들의 서바이벌」2014, 이하 「나인 뮤지스」을 보면 아이돌은 우리 현실로부터 동떨어져 있는 것이 아니다. 영화 속 뮤직비디오 촬영이 끝난 뒤 모인 회의실에서 멤버들의 눈물을 쏙 빼놓게 야단을 친

뒤 "억울하면 떠!" 하고 쏘아붙이는 스타일리스트 언니, 매니저들끼리 데뷔 무대를 모니터링하고는 "정말 편하게 하는 거죠 재네들은. 죽여 놔야지, 지금" 하고 분노의 멘트를 날리는 매니저 오빠, 그리고 화룡점정 콩글리시 발음으로 "Nothing is impossible!"을 외쳐대는 사장님까지, 그들은 우리 주변에서 흔히 보는 사람들, 아니 현실 속 우리 자신의 모습이기도 하다.

기획사 사장과 매니저들만 그럴까. 자신들의 소속사를 자연스럽게 '회사'라고 부르는 걸그룹 멤버들은 우리 사회의 여느 직장인과 크게 다르지 않은 계약직 사원일 뿐이다. 영화 속 힘겨운 군부대 공연을 마치고 지친 멤버 한 명은 무대 뒤에서 땀을 닦으며 속내를 비춘다. "예능이든 뭐든 광희처럼 빨리 혼자라도 떠서, 혼자 다닐 거예요." 땡볕에 고구마를 캐는 「체험 삶의 현장」 촬영장에서도 들러리 서는 멤버들은 볼멘소리로 말한다. "아홉 명은 너무 많잖아요. …… 저는 상처를 너무 많이 받아서 내 할 일만 딱 마치고 다르게 하고 싶어요."

아이돌 그룹의 일상을 비추는 리얼리티 프로그램이야 케이블 방송 등을 통해서 익숙하게 봐왔지만, 이 다큐멘터리 영상은 종래의 홍보성 리얼리티 영상과는 조금 달라 보인다. 말하자면 리얼리티 속의 리얼리티를 보여 주는 셈인데, 이때의 한 꺼풀 벗겨낸 리얼리티, 화장기를 제거한 리얼리티가 갖는 미덕이 발휘되는 순간이 있다. 영화 속 걸그룹과 기획사의 생생한 현실이 어느 순간 '그녀들의' 현실로서만이 아니라 '우리들의' 현실로 보이기 시작하는 것이다.

2세대 아이돌

1994년에 데뷔한 HOT를 아이돌 그룹의 효시로 생각했을 때 10년 정도 지난 시기에 데뷔한 이들부터 현재까지의 아이돌 그룹을 보통 '2세대 아이돌'로 부르는데, 10년 단위의 편의적인 세대 구분이지만 나름의 일리가 있는 구분법이다. 두 세대를 가르는 2004~05년경부터 한국의 음악 산업에서 디지털 음원 판매 수익이 음반 판매 수익을 앞지르는 커다란 전환이 생겼기 때문이다. 이러한 변화는 기획사들로 하여금 치열한 생존경쟁 속에서 이루어지는 사업의 총체적 다각화를 추동했고 그에 따라 아이돌의 활동 영역도 리얼리티 예능 프로그램 출연, 드라마와 뮤지컬, 그리고 영화 출연과 방송 진행 등으로 크게 다양화되었다.

그것은 분명 위기 상황이었지만 아이러니하게도 기획사에 전권을 주는 한국식의 독특한 불공정 계약(2001년 '연예제작자협회 사태'를 초래하기도 했던 포괄적 계약) 관행은 신속한 다면적 계약이 요구되는 21세기 디지털 매체 시대의 변화된 대중문화 환경에 융통성 있게 적응하도록 해주었다. 아티스트와 소속사 사이의 비대칭적 관계는 '성공'이라는 미래의 저울추 덕분에 아슬아슬하게 균형을 유지한다. 영화 속 '나인 뮤지스'의 매니저들은 다음과 같은 화법을 즐겨 쓴다. "나중에 너네 잘되고 나면 너네 하는 말이 법이야. 그런데 지금은 너네보다 우리가 더 잘 알기 때문에 지금은 너네가 자존심을 굽히는 게 우선이라고 난 생각해."

이 성공의 논리를 받아들이는 순간부터 선택할 수 있는 것은 사실상 한 가지뿐이다. 영화 속에서 일종의 주인공 역할을 하는 그룹의 리더 '세라'(영화 후반부에서 그녀는 리더 자격을 박탈당한다)의 다음과 같은 말에서 쉽게 진단할 수 있듯이, 일중독에 빠지는 것이다.

> 하루는 회사에서 너무 속이 상해서 아무한테도 연락을 안 받고 전화기를 끄고 뛰쳐나왔어요. …… 내 가족마저 희생시켜 가면서 하는 이 일

을 굳이 내가 왜 했을까? 그런데 그때도 연습을 해야겠다는 생각이 드는 거예요. 그러고 나서 그다음 날 회사에 세 시간 일찍 나가서 연습을 했어요. 그러니까 이게 내가 가장 많이 스트레스를 받는 일임에도 불구하고, 내가 스트레스를, 이걸 해야지만 근본적인 스트레스가 없어지니까…….

영화 속에는 소속사 차량을 타고 이동 중에 교통사고로 인해 멤버들이 다치는 장면이 있다. 다친 멤버는 한쪽 팔에 깁스를 한 채로 고통스러워하면서도 동료들과 춤 연습을 계속 할 수밖에 없다. 이 장면을 2014년 9월에 있었던 걸그룹 '레이디스 코드'의 참사와 연결하는 것은 분명 지나치겠지만, 어떤 징후를 보여 준다고는 하겠다.

아이돌과 감정자본주의

영화 「나인 뮤지스」는 2012년에 제작된 1차 편집본이 이미 국내외 영화제와 외국의 공영방송을 통해 상영되었고, 국내에서 극장 개봉된 2차 편집본도 여러 국제 영화제에 출품되었다고 한다. 외국에서는 케이팝 한류 현상과 한국의 아이돌 문화를 이해하기 위한 중요한 텍스트 가운데 하나로 이 영상물을 활용할 터이다. 외국인의 눈에 이 텍스트가 '성공을 위한 눈물겹지만 아름다운 도전' 이야기로 보일지, '인권 탄압의 쇼킹 아시아 현장'쯤으로 보일지 궁금하다. 그 중간쯤에서 해석될 것 같지만 어느 경우든 상관없다. 중요한 것은 한국인들 자신이니까.

아이돌의 일상 자체가 예능화되고 시시각각 대중에 노출되면서 이들은 전례 없는 혹독한 감정노동을 감수하게 되었다. OECD 국가의 서비스 산업 비중이 72퍼센트에 달하는 후기산업사회에서 감정노동은 이미 일상화되었지만, 어쩌면 세계에서 가장 고도의 감정노동을 수행하는 이들이 한국의 아이돌 그룹인지도 모른다. "만국의 아이돌이여 단결하라!" 식의 이야기를 하려는 게 아니다. 애초부터 비음악적 의도로 결성된 걸그룹 한 팀의 리얼리티 영상물을 통해서 한국 아이돌 그룹의 음악성 전반에 대한 의심을 정당화하고자 하는 것도 아니다.

영화 「나인 뮤지스」를 텍스트 삼아 하고 싶은 이야기는 한 가지다. 모든 대중문화가 그렇듯 한국의 아이돌 문화도 어김없이 한국인이 처한 현실을 비춘다는 것이다. 경제적 효율성의 논리가 일상적으로 구조화된(이 속에서 개인의 감정마저 도구화되고 상품화된다) 우리의 현실 말이다.

분업화된 집단 창작의 기술적 합리성이라는 측면에서 한국의 아이돌 팝은 확실히 세계적인 수준으로 발전해 있다. 이러한 고도 자본주의 시대의 음악 문화적 정수에서 에바 일루즈Eva Illouz가 지적한 '감정자본주의'의 특징, 즉 차갑게 계산된 친밀함의 논리를 발견하는 것도 당연하다 하겠다. "사랑해요 여러분!"이라는 아이돌의 해맑은 인사를 우리는 무시하거나 그저 믿는 척할 뿐이기도 하지만, 한편으로 믿지 않을 도리도 없다. 우리들의 현실 속 감정 교환 또한 그렇게 차갑고도 친밀하게 이루어지기 때문이다.

04 / 사랑하는 사람들은 늙지 않는다

「쎄시봉」

좌절의 F코드

잘 만든 음악영화의 기준은 단순하다. 음악이 적재적소에 잘 배치되어 있고, 음악인 역할을 하는 배우들이 관객의 청각적 감흥을 깨지 않을 만큼 음악적 장면을 자연스럽게 소화할 수 있어야 하며, 가능하다면 직접 음악 연주를 해낼 수 있어야 한다. 나아가 주로 청각을 통해 이루어지는 음악적 소통의 여러 의미를, 시각이 좀 더 중심을 이루는 영화적 장치를 통해 번역해 낼 수 있어야 한다. 음악영화에 대한 이러한 평가 기준에 비추어볼 때 영화 「쎄시봉」2015은 비교적 높은 점수를 줄 수 있을 듯하다.

「쎄시봉」이 1970년대 서울 무교동 거리와 통기타 청년 문화의 한 단면을 사실적으로 재현해 냈는가 하는 것은 사실상 둘째 문제다. 오히려 이 영화의 장점은 영화 속 실명으로 등장하는 실존 인물 틈 속에 오근태(정우/김윤석 분)라는 가공의 인물을 투입한 데서 비롯된다. 관객의 감정이입을 위해 만들어낸 캐릭터인 오근태는 영화 「아마데우스」Amadeus,

1984에서 (음악 천재 모차르트를 오히려 조역으로 밀어낸 채) 살리에리라는 질투의 화신을 주인공으로 내세움으로써 거두었던 것과 비슷한 효과를 발휘한다. "모든 평범한 자들의 죄를 사하노라!"고 외쳤던 살리에리의 광기 어린 목소리와 중첩되는 오근태의 좌절은 관객의 감정과 결합된 회한의 눈물과 함께 극복된다.

따라서 영화 속 가상 인물 오근태는 '트윈 폴리오'의 전신인 '트리오 쎄시봉'의 잊혀진 실존 멤버 이익균의 분신이 아니다. 그가 표상하는 것은 그 시대를 살았던, 아니 현재 살고 있는 평범한 대중이다. 그는 기타를 배우며 F코드 때문에 좌절하고(F코드 때문에 전사한 기타리스트 지망생들의 숫자가 수천, 수만 명을 헤아리지 않을까?), 섣부른 기타 실력으로 젠체해 보려 하다가도 프로페셔널들의 세계에는 범접하기 어려워 늘 주눅 들곤 하는, 무엇보다 다른 사람이 지은 노래로 자신의 내밀한 감정을 표현해야 하는 평범한 대중매체 시대의 개인인 것이다.

반대로 영화 속 내레이터이기도 한 이장희(진구/장현성 분)는 윤형주나 송창식과 같은 개별 음악가를 넘어서 대중음악 그 자체를 상징하는 것처럼 보인다. 이장희는 천재들의 음악적 향연의 무대로 오근태(평범한 '우리')를 불러내고 사랑의 감정을 나누게 하며, 그에게 기타를 가르쳐주기도 하고 그의 사랑 고백을 위해 아낌없이 자신의 노래를 제공한다. 심지어 대중음악의 본고장인 미국과 한국을 공간적으로 이어주기까지 하는데, 영화 속 이장희의 이러한 모습이 마치 세속적 욕망을 초월한 도인처럼 보이는 것도 무리가 아니다.

현재와의 접속

영화 「쎄시봉」은 조영남, 윤형주, 송창식 등 실존 인물들의 캐릭터와 그들의 음악 세계를 맛깔스럽고 따뜻한 시선으로 재현해 보이는 동시에 그들의 음악과 동행하고 교감하며 사랑과 꿈을 나누던 대중의 음악적 소통에 주목한다는 점에서 적잖은 미덕을 발휘한다. 오근태와 민자영(한효주 분)이 나누는 말 못할 사랑의 감정은 '카세트 녹음기'라는 상징적 매체를 통해 소통(혹은 불통)된다. 대중매체 시대의 '우리'는 이러한 녹음 매체를 통해 음악을 들으며 함께 울고 웃어 왔다. 요컨대 영화 속 오근태의 노랫소리는 윤형주나 송창식과 같은 전문 가수들의 노래를 녹음 매체로 들으며 따라 부르던 우리 자신의 목소리인 것이다.

영화 후반부에서 개연성의 손실을 감수하면서까지 좀 더 가까운 과거(1990년대의 어느 시점)와 현재를 부각한 이유도 여기에 있을 것이다. 영화는 세파에 시달리며 속되게 변해 버린 오근태의 모습을 통해 노골적으로 관객 자신을 비춘다. 오근태가 미국에서 이장희를 만났다가 헤어지면서 차갑게 던지는 말, "나는 니들 친구 아니야!"는 기실 대중음악을 듣던 젊은 시절의 꿈과 희망에 대한 배반의 언사인 것이다.

청춘은 돌아볼 때만 아름답다는 말이 있다. 현재진행형으로서의 청춘은 언제나 앞이 보이지 않는 불안과 고통, 사회적으로 인정받지 못하는 데서 오는 굴욕과 좌절이 있다. 우리는 모두 사랑스럽고도 겁 많은 청춘의 시절을 (사랑의 힘으로?) 지나오는 것이다. 더구나 한없이 부조리한 사회는 나약한 청춘을 더욱 힘겹게 만든다. '쎄시봉'의 시대 역시 그랬고, 영화 속 오근태의 비겁은 바로 그런 부조리한 사회가 강제한 것이다. 이런 오근태의 모습에 이 시대 젊은이들의 모습이 겹쳐 보인다는 점은 이 영화의 상업적 노림수인 동시에 이 영화가 불러일으키는 씁쓸한 감정의 정체이기도 하다.

스쳐지나가는 복고 유행일까

영화 「쎄시봉」을 보면서 "지긋지긋한 복고 유행이 또 한 번 지나가는군" 하고 냉소를 던지고 말았다면 대중문화와 음악 문화의 현재적 흐름을 반쪽만 보고 있는 것이다. 적어도 리얼리티 음악 경연 프로그램이 텔레비전 음악 프로그램의 대세를 장악하기 시작하던 2010년을 전후해서 '과거의 음악'을 향수하고 듣고 리메이크하는 일은 단순한 '복고 문화'가 아니라 '주류 문화'의 일부가 되었다.

영화 도입부에서 제시되는 "우리도 20대였던 시절이 있었다"라는 대사는 '20대 시절'이 오랜 과거가 되어버린 나이 든 관객의 울컥한 향수를 자극하는 것만은 아니다. 텔레비전 음악 경연 프로그램 「불후의 명곡」 무대에서 객석에 특별히 모신 선배 가수의 '흘러간 노래'를 편곡하여 부르는 후배 가수들처럼 영화를 보는 젊은 관객도 이 대사를 "우리도 20대다"로 리메이크할 것이다. 한국의 '현재'는 그렇게 '과거'의 권위로부터 평가받고, '과거'의 전설과 신화를 부추겨 이용하고 있는 중이다.

포스트 음반 시대의 대중음악은 예전의 신화와 전설을 잃어가고 있다. 편재하는 '아이돌'은 '우상의 상실'을 역설적으로 드러낸다. 현재의 음악과 대중문화가 과거의 소재에 눈을 돌리는 이유다. 하지만 영화 「쎄시봉」이 '과거'를 그리는 데 그치지 않고 '현재'와 접속할 수밖에 없었던 이유는 역설적으로 그 '과거'가 그리 대단한 것이 아니기 때문이기도 하다. 사실상 서양의 스탠더드 팝송을 번안해서 부르던 그 시절 '쎄시봉'의 음악은 음악사적 맥락에서 전설일 것도 신화일 것도 없다. 그 과거는 오직 현재 시점에서 아름답게 돌아볼 수 있을 뿐이다.

영화 「쎄시봉」은 "사랑하는 사람들은 늙지 않는다"라는 메시지로 끝을 맺고 있다. 바라건대 이 메시지가 최근의 심상찮은 문화적 복고復古나 조로早老의 징후를 염려하는 시선에 대한 낭만적 해답일 수 있었으면 한다.

05 / 초절기교와 예술 사이

「위플래쉬」

초절기교의 탄생

스페인의 클래식 기타리스트 페페 로메로Pepe Romero와 록밴드 '미스터빅'의 기타리스트 폴 길버트Paul Gilbert가 비슷한 시기에 콘서트를 위해 한국을 방문한 적이 있다. 당시 이들이 각각 한국의 대중매체에서 가진 인터뷰가 기억에 남는다. 똑같은 질문에 상반되는 것으로 보이는 답변을 제시했기 때문인데, 그 질문은 "어떻게 하면 기타를 그렇게 잘 칠 수 있느냐?"였다.

기억에 남은 대로 적자면, 클래식의 로메로는 이런 식으로 답했다. "여기 컵에 물이 담겨 있다. 그런데 사람들은 내가 어떻게 손을 뻗어 컵을 잡고 어떻게 입까지 옮겨서 물을 마시는지에만 관심이 있는 것 같다. 하지만 중요한 건 갈증이다. 갈증이 있으면 물을 마실 수 있다." 반면 록 기타리스트 길버트는 같은 물음에 다음과 같이 답했다. "방법은 간단하다. 아침 먹고 내내 기타를 치고, 점심 먹고, 또 기타 치고, 저녁 먹고 다시 기타, 그리고 자고 나서 또 …… 그러면 된다."

로메로와 길버트 중 누구의 대답이 옳을까? 그런데 두 가지 대답은 어느 층위에서 서로 만난다. 로메로가 말한 '갈증'이 없다면 길버트가 말한 '무한 반복 연습'이 있을 수 없다. 이때의 갈증과 연습은 모두 평범한 사람이 도달할 수 없는 경지인 것이다. 비범한 '갈증'이 비범한 '연습'을 통해 해소될 때 초절기교가 탄생한다. 로메로와 길버트의 대답은 그래서 어느 쪽도 질문에 대한 뾰족한 대답이 아니다. 그 '비범한 연습'을 이끌어내는 '비범한 갈증'이 어떻게 만들어질 수 있을까 하는 물음이 해결되지 않은 채로 남기 때문이다.

초절기교의 당사자들이 이 정도 궁색한 답변을 제시할 뿐이라면, 이제 질문을 멈추고 더 이상의 궁금증은 예술의 신비로 남겨두는 것이 현명하지 않을까? 하지만 '초절기교 형성의 과학'을 신봉하는 이들은 거기에서 멈출 수 없는 모양이다. 그들은 다음과 같은 대답을 제시하고 그것을 스스로 '합리적'이라 믿는다. "잠재적 천재 사이의 무한 경쟁이 문제의 그 '갈증'을 만들 수 있다. 그리고 그 무한 경쟁의 과정이야말로 '무한 연습'의 합리적 방도다."

정말로 무한 경쟁(그리고 탈락에 대한 불안을 도구 삼은 '방법적 모욕 주기')이 초절기교 예술가 탄생의 한 가지 방법일 수 있을까? 영화 「위플래쉬」 속 악명 높은 음악 교사 플레처(J. K. 시먼스 J. K. Simmons 분)는 그렇게 믿고 있는 듯하다. 그의 믿음은 확고하다 못해 광적이어서 주인공 앤드류(마일스 텔러 Miles Teller 분)에게 가하는 물리적 · 정신적 고문이나 학대를 스스로 정당화할 정도에 이른다. 앤드류 역시 암묵적으로 그 믿음에 동화되어 그러한 학대를 감내하며, 점차 플레처와 같은 광기를 발휘하기 시작한다. 플레처가 '갈증' 유발을 위해 학생들에게 폭력을 가한다면, 앤드류는 경쟁에서의 승리와 인정을 위해 동료를 배신하고 '무한 연습'으로 자기 자신의 육체에 폭력을 가하는 것이다. 이 폭력의 향연은 마침내 초절기교를 결과할 수 있을까?

플레처적인 것과 앤드류적인 것

그 광기와 폭력의 끝, 앤드류가 교통사고를 무릅쓰고 자기증명을 위해 피를 흘리며 무대에 올라 드럼 스틱을 잡다가 연주를 망치는 장면은 플레처와 앤드류 양자 모두의 파산선고를 알린다. 영화가 그렇게 끝이 났다면 일종의 교훈극이나 음악적 심리 스릴러물로 그쳤을 것이다. 하지만 영화 마지막에 반전이 남아 있다. 감독은 영악하게도 이 마지막 10분의 연주 장면을 교묘하게 연출함으로써, 이 영화의 메시지가 여러 방식으로 해석될 수 있는 여지를 남겼다.

앤드류가 멋들어지는 솔로 연주를 해내는 이 마지막 장면을 플레처의 교육적 전략이 역설적으로 거둔 성공으로 해석하는 이들이 많지만, 그 해석의 방향은 여러 가지일 수 있다. 그 해석이 유발하는 감정조차도 크게 양분될 수 있다. 그러한 '성공'을 지켜보는 누군가는 유쾌할 수 있지만 다른 누군가는 불쾌할 수도 있는 것이다. 감독이 일차적으로 노린 텍스트의 다의성은 여기에 있을 것이다. 하지만 또 다른 해석도 가능하다. 오히려 플레처의 교육 전략이 실패로 끝났다는 해석이다.

영화 도입부에서 앤드류가 아직 인정받지 못한 학생이었을 때, 그는 혼자 사는 아버지를 배려하고 챙기면서 팝콘을 나눠 먹으며 영화를 함께 보던 정 많은 대학생이었고, 영화관에서 아르바이트하는 니콜(멜리사 베노이스트Melissa Benoist 분)에게 어수룩하게 말을 걸어 데이트를 신청하던 수줍음 많은 친구였다. 하지만 그가 플레처의 '무한 경쟁 초절기교 달성 프로젝트'에 말려들기 시작하면서 변하기 시작한다. 가족들과의 식사 자리에서는 사촌들에게 모욕을 주고 자기자랑을 서슴지 않으며, 여자 친구 니콜에게는 '더 나은 나'가 되는 일에 데이트 시간 따위는 방해가 될 뿐이라며 감정의 동요도 없이 이별을 선언한다.

교통사고가 있던 날의 연주 해프닝이 퇴학으로 이어지고 드럼 연주까지 포기하게 된 이후에야 앤드류는 자신의 옛 모습을 되찾기 시작한다. 아버지와 다시 영화를 보게 되었고, 니콜에게 다른 남자 친구가 생긴 것을 알고 상실감을 느낀다. 플레처의 연주 제의에 응해 다시 무대에 서게 되자 그는 처음으로 아버지에게, 그리고 니콜에게 자신의 연주를 보여 주고 싶어 한다.

마지막 10분의 연주 장면 도입부에서 앤드류는 플레처의 교활한 복수극 희생자가 되어 무대 밖으로 쫓겨나간다. 그때 걱정스런 눈빛으로 관객석에서 달려온 아버지를 마주하면서 그는 이전과는 전혀 다른 미적 충동의 계기를 얻는다. 그는 뒤돌아 다시 무대를 향하면서 마음속으로 이렇게 생각했을 것이다. "더 이상 플레처에게 조종당하지 않겠다. 나는 플레처 당신에게 인정받고 싶어서가 아니라 나 자신을 위해서, 그리고 내가 아끼는 이들에게 연주를 들려주기 위해 이 무대에 섰을 뿐이다."

무대로 돌아간 앤드류는 스스로 곡목을 바꾸어 밴드 연주를 개시하고, 당황한 플레처에게 "신호를 줄 테니 기다리라"고 말한다. 음악적 권력의 통쾌한 전도가 일어나는 것이다. 길게 이어지는 앤드류의 연주가 과연 초절기교의 연주인지는 여기서 중요하지 않다. 기술이 예술로 바뀌는 순간은 기교가 완성되는 순간이 아니라 그로부터 해방되는 순간이다.

이러한 해석의 맥락에서 볼 때, 앤드류는 마지막 연주 후에도 플레처를 스승으로 생각하지 않을 것이며 스스로 그와 같은 유형의 스승이 되려고 하지도 않을 것이다. 그가 긴 솔로 연주를 한 것도 그에게 '초절기교'를 증명하기 위한 것이 아니라 스스로 행사하는 미적 자율성과 정당한 미적 소통을 위한 것일 뿐이었다.

그러니 주연배우의 실제 연주로 촬영되고 녹음된 마지막 솔로 연주 장면에 대해서 전설적 재즈 드러머 버디 리치Buddy Rich의 연주와 비교하여 이러쿵저러쿵 연주력을 논하는 일부 재즈 애호가들의 태도는 그 자체로 '플레처적인 것'이라 할 수 있다. 그 연주 장면은 영화 마지막에서 '플레처적인 것'과 대립되는 '앤드류적인 것'이라 할 만한 것을 제시하기 위한 장치일 뿐이다. 두 사람의 마지막 미소 교환이 상징하듯이, 양자 사이에 찰나의 미학적 교감이 있을 수는 있겠지만 미적 자율성과 인간적 소통을 상징하는 '앤드류적인 것'과 무자비한 무한 경쟁 원리의 표상인 '플레처적인 것'은 더 이상 양립 가능하지 않다.

무한 경쟁을 넘어서

동서고금을 막론하고 경쟁이 어느 정도 가치 있는 것을 산출할 수 있다는 생각은 자연스럽게 받아들여졌다. 그래서 축제적 성격의 예술 경연은 고대로부터 이루어져왔다. 하지만 어느 경우라도 탈락자들을 나락에 떨어뜨리는 무한 경쟁만이 최선의 예술적 가치를 산출할 수 있다는 식의 발상은 하지 않았다. 그것은 자본주의 시대가 만들어낸 신화적 믿음일 뿐이다.

자본주의에서는 희소성이 높을수록 더 큰 교환가치가 부여된다. 무한 경쟁은 숨어 있는 가치를 골라내는 과정이 아니라 인위적으로 최소 숫자를 남긴 뒤 거기에 독점적 가치를 부여하는 사실상 결과론적 과정이다. 예술에 무한 경쟁의 원리가 적용되는 것은 그래서 기만적이다. 초절기교와 관련된 밝혀지지 않은 예술적 원리를 예술적 가치 그 자체로 전환한 뒤 그조차도 슬쩍 자본주의적 희소성의 원리로 대체하는 것이다. 이 기만적 과정은 클래식에서 먼저 이루어졌으며(20세기 초부터 생겨난 수많은 콩쿠르는 음반 산업과 기획사의 스타 만들기와 그들의 몸값 올리기에 적절히 부응했다), 21세기 들어 이제 대중음악과 특히 제도화된 재즈가 바통을 이어받는 듯하다.

재즈(특히 그 양식적 근원인 블루스)가 원래 희소성이 아니라 민속음악에 기반한 편재성에서 미학적 정당화의 근거를 찾았고 기술적 정확성보다는 즉흥성과 자유를 더욱 중시했다는 점을 생각하면, 재즈의 제도화 과정에서 클래식의 전철을 답습하는 모습은 허탈감을 안겨준다. 영화 속에서 그려지는 빅밴드 재즈가 즉흥연주를 최소화하고 총보와 지휘자의 역할을 중시하는, 1930년대 대공황 시기(즉흥연주가 초래할 '리스크'를 최소화할 필요가 있었던 시기)에 이미 클래식화한 재즈의 한 가지 장르일 뿐이라는 점을 감안해도 그렇다.

「위플래쉬」가 음악영화에 머물지 않고 현실 속 우리 자신의 모습이 투영되는 이유가 있다. 각자의 직업에서 발휘하는 능력과 기술이 한갓 기술에 머물지 않고 '예술적'인 것이 되기를 요구하는 세상에서 우리 자신이 살고 있기 때문이다. 당신이 갖고 있는 기술은 언제 어떻게 예술이 되는가? '갈증'과 '무한 반복 연습'은 여전히 중요한 실마리일 수 있지만, '초절기교'에 대한 자본주의적 판타지에 기만당해서는 곤란하다. '앤드류적인 것'을 얻기 위해서 반드시 '플레처적인 것'이 전제되어야 하는 것은 아니다.

06 / 노래방 기계 반주 화면에 비친 해변의 추억
「와이키키 브라더스」

복제예술로서의 음악

'대중음악'이라는 용어는 '대중문화'라는 용어처럼 외연이나 내포가 매우 불분명하지만, 이 용어와 관련하여 받아들일 수 있는 개념적 전제 가운데 하나는 그것이 '복제예술로서의 음악'을 의미한다는 점이다. 19세기 후반 축음기가 개발되고 20세기 초반 음반 산업과 공중파 방송 매체가 급속하게 발전함으로써, 음악의 복제예술로서의 성격은 사실상 장르를 불문하고 20세기 전체의 음악 문화를 지배하게 된다. 대중음악은 발터 벤야민Walter Benjamin이 말하는 '기술복제 시대'의 음악이며, 월터 옹Walter Ong이 말하는 '2차적 구술 시대', 즉 전자 매체 시대의 음악이다.

전자음향 확성기술과 녹음기술 같은 음악의 기술적 요소는 음악가나 음악 양식에 대한 논의에 밀려 부수적인 것으로 취급되기 쉽지만, 실상 20세기 이후의 음악 경험에서 본질적인 부분이다. 특히 개인 컴퓨터 시장이 열리게 된 1980년대 초반에 이르러 음악은 디지털 음향기술의 영향을 받게 되는 커다란 전환점을 맞게 된다.

이러한 디지털 음향기술은 한국의 음악 문화에서 좀 더 의미심장한 영향력을 발휘하게 되는데, 그것은 '노래방'(공식 명칭은 '노래연습장')이라는 한국적 대중음악 문화의 압도적인 키워드와 관련이 있다. 1991년경에 부산에서 최초로 '노래방'이 문을 열면서 대중적 용도로 쓰이게 된 이 새로운 기계는 한마디로 전국을 강타했다. 대중의 실천적 음악 문화는 이제 더 이상 삼삼오오 어울려 통기타 반주로 노래하는 것이 아니라 디지털 음향으로 재생되는 기계 반주와 함께 모니터 화면에 흘러가는 가사를 쳐다보며 마이크를 들고 노래하는 것으로 바뀌었다.

디지털 음향기술의 급속한 발전은 음악 소비 양상만을 바꾼 것이 아니라 생산 층위에서 음악가들의 생존 방식을 뒤바꿔 놓았다. 1990년대 초를 기점으로 이전에 인기 있었던 록밴드들이 일제히 주류 음악시장에서 물러나고 무수한 10대 댄스 그룹들이 그 무대를 대신 장식하는 현상이 발생했는데, 이는 당시 대중의 음악 취향이 급격히 변화했다거나 이전과는 전혀 다른 새로운 음악 세대가 출현했기 때문이라기보다는 그 시기 음악 문화를 둘러싼 특정한 물적物的 토대의 변화에 기인한 것이다.

한편으로 엥겔지수의 하락과 함께 10대들이 주요 음반 구매층으로 부각된 한국 사회의 새로운 문화경제적 토대가 그러한 변화를 추동했으며, 더욱 의미심장하게는 음악과 관련된 기술적 수준의 변화, 즉 기계 반주와 이를 가능케 했던 디지털 음향기술의 혁신적 발전이 그러한 변화를 강력하게 뒷받침했던 것이다.

「와이키키 브라더스」는 바로 이 시기, 곧 1980년대에서 1990년대 이행기 한국의 대중적 음악 문화를 들추어내고 풍자한다. 이 영화가 무엇보다 흥미로운 점은 '복제예술로서의 음악'을 만드는 기술적 토대에 초점을 맞추어 대중음악의 생존 방식을 탐구한다는 점이다. 이로써 이 영화는 같은 대상을 다루는 여타의 음악 연구나 음악 비평적 시각을 멀찍이서 앞질러 간다.

연포 해변과 와이키키 해변 사이, 노래방의 시간여행

영화 초반부에 와이키키 브라더스 밴드 멤버들은 환갑잔치와 지역 축제 미인대회 등 초라한 시골 무대를 전전하다 성우(이얼 분)의 고향인 수안보를 향하게 된다. 악기와 장비를 싣고 가는 트럭 안에서, 한때 성우와 밴드 활동을 하기도 했다는 트럭 운전사는 밴드 멤버들에게 다음과 같이 말한다. "옛날엔 참 밴드 해먹기 괜찮았는데, 가라오케다 노래방 나오면서 이 바닥 분위기가 영 개판이 돼버렸어요."

여기서 트럭 운전사가 언급한 노래방 기계 반주는 영화 안에서 구획된(하지만 영화 밖 현실에도 똑같이 적용되는) 음악적 구세계와 신세계 사이에 위치하는 하나의 이정표다. 와이키키 호텔 나이트클럽 무대에서 성우의 밴드를 해체하고 노랑머리에 막춤으로 무장한 전직 호텔보이 기태(류승범 분)를 무대에 올려세운 것은 다름 아닌 이 노래방 기계 반주기다.

성우가 10여년 만에 처음 고향인 수안보를 찾게 된 것을 계기로 고교 시절 밴드 멤버들이 모처럼 한자리에 모인 날에도 그들은 자신들의 악기 대신 노래방 반주기 앞에 서서 노래를 부른다. 이윽고 친구들에게 등 떠밀려 마이크를 잡은 성우가 로큰롤 양식의 옛 노래 「세상만사」를 부르자 흥이 난 친구들은 각자 악기를 연주하는 시늉을 해대는데, "세상만사 모든 일이 뜻대로야 되겠소만" 하는 성우의 노랫말을 타고 영화는 그들의 고교 시절로 시간여행을 떠난다.

10여 년 전에 '충고忠高 보이스'라는 이름의 교내 그룹사운드를 결성하여 무대 위에서 「세상만사」를 부르던 성우의 옛 모습은 단순히 영화적 문법에 따른 회상 장면으로 연출되었다기보다는 노래방 반주 기계가 만들어내는 노래방 속 환상으로 연출되었다고 보는 것이 옳을 듯하다. 옛 노래는 언제나 진한 노스탤지어를 만들어 현실에서는 불가능한 과거로의 시간여행을 성공시킨다. 노래방은 그래서 많은 이들에게 신성한 제의적 공간이다.

하지만 성우의 미숙한 첫사랑의 추억이 아련하게 펼쳐졌던 이 '구세계'로의 시간여행은 흥미로운 접점을 그리며 현재의 '신세계'로 복귀한다. 회상의 끝자락에서 '충고 보이스'의 친구들은 연포 해수욕장 해변 모래사장에서 일광욕을 하며 낮잠을 자던 성우를 물속에 빠뜨리고 짓궂게 그의 수영복을 벗긴 뒤 다함께 맨몸으로 해변을 내달린다.

현실과의 접점에 위치한 이 회상 장면은 이들 친구 사이의 우정과 연대가 최대한 선의로 발휘된 절정의 순간으로 그려진다. 이윽고 이들 벌거숭이 친구들의 모습이 노래방 반주 기계 모니터에 나타난 비키니 여인들의 모습으로 바뀌면서 영화는 다시 술 냄새 가득한 단란주점 노래방의 현실로 복귀한다.

앞서 연포 해변의 추억을 그리는 장면에서 '충고 보이스' 멤버들이 처음 '와이키키 브라더스'라는 새로운 밴드 이름을 짓는 모습이 그려지는데, 이때 성우를 제외한 세 명의 친구는 한 명씩 번갈아가며 '와이키키'라는 말에서 연상되는 이미지를 열거한다. "와이키키 하면, 하와이 해변이 연상되면서", "하얀색 요트가 지나가고", "야자수 밑으로 비키니 금발들이 쭉쭉빵빵 걸어가고."

요컨대, 어른이 된 '충고 보이스' 멤버들이 술 마시며 노래하는 노래방 반주 기계 모니터에는 어린 시절 그들이 꿈꾸던 '와이키키'의 이미지가 그려지고 있는 것이다. 하지만 '와이키키'의 이미지를 통로로 되돌아온 현실은 '와이키키 해변'의 풍경과는 정반대로 보인다.

노래방 기계 반주 모니터 화면과 '와이키키'의 이미지를 통한 꿈과 현실의 역설적 만남은 영화의 클라이맥스에서 다시금 극적으로 재현된다. 멤버들의 연이은 탈퇴로 밴드가 풍비박산이 된 후 홀로 남은 성우는 룸살롱 원맨밴드 악사의 길을 걷게 된다. 룸살롱에서의 홍청망청 음란한 누드 파티가 벌어진 어느 날, 룸 한쪽에서 기타를 연주하던 성우에게 술 마시기를 강권하던 취객은 사양 끝에 술을 받아 마신 그에게 폭언과 함께 옷 벗기를 강요한다("귀하신 사장들이 다 벗었는데 개뻑다구 같은 밴드 주제에 못 벗어 임마").

마지못해 벌거벗은 채로 기타를 멘 성우는 원맨밴드 기계 반주에 맞추어 처연한 모습으로 울먹이며 노래하다가 자신의 왼편 반주기 모니터를 흘낏 넘겨다본다.

이때, 이전까지 해변의 비키니 여인이 출현하던 모니터 속에서 뜻밖의 환각적 이미지가 그려지는데, 그것은 어린 시절 겪었던 연포 해변에서의 풍경이다. 이 순간 성우가 어린 시절 직접 경험한 '연포 해변'과 그 시절 꿈꾸었던(복제기술을 통해 간접 경험되는) '와이키키 해변'의 이미지는 구별할 수 없도록 뒤섞인다. 그것은 실제와 가상, 원본과 복제, 현실과 꿈이 착종된 하이퍼 리얼리티hyper-reality다.

벌거벗은 너훈아의 희비극

영화 전반부에서 와이키키 브라더스 밴드의 멤버들이 처음 수안보 와이키키 호텔 나이트클럽에서 연주하게 된 날, 모처럼 온천 목욕탕에서 즐겁게 이야기를 나누던 그들은 불쑥 목욕탕 문을 열고 들어오는 나이트클럽 가수 너훈아(나훈아의 모창 가수)의 벌거벗은 모습을 보고는 잠시 놀라다가 고개를 돌려 키득거린다.

모창 가수 너훈아의 목욕탕 속 벌거벗은 모습은 앞서의 해변의 풍경과 연관되면서 미묘한 이미지를 만들어낸다. 무엇보다 이 나체의 이미지는 나훈아의 것이 아니다. 따라서 가짜다. 기계 반주에 맞추어 나훈아의 「잡초」를 부르던 너훈아의 무대 위 모습과 달리 목욕탕에서 보이는 너훈아의 알몸 이미지는 복제된 삶을 선택한 자가 짊어질 숙명으로서의 희비극을 연출한다.

그것은 단순히 너훈아만의 희비극이 아니다. 목욕탕에서 너훈아를 목격한 와이키키 브라더스 밴드 멤버들은 너훈아를 대상화하여 그가 연출하는 희비극을 즐기며 비웃고 있지만, 실상 너훈아와 같은 무대에서는 그들 역시 이 희비극의 주인공일 수밖에 없다. 그렇다면 이들을 바라보는 관객들, 곧 우리 자신은 그와 무관한 것일까?

영화 속에는 또 다른 복제 연예인 '이엉자'(이영자의 닮은꼴 연예인)도 등장하는데, 무대에 선 그녀는 관객의 손가락질에 다음과 같이 야유한다. "뭐유? 가짜유? 그려유. 나 가짜유. 사실 말이지 여기 진짜 이영자 씨가 나왔다, 그럼 돈 2만 8,000원 가지고 술 못 먹어유. 아, 싼 맛에 영자 보고 좋지 뭘 그려. 아, 안 그려유?"

이렇듯 벤야민이 예견한 복제예술의 해방적 잠재력은 문화 산업이 만들어내는 '대중적 우상'의 제의적 가치와 물신화된 교환가치의 위력에 묻혀버린다. 영화 후반부에 이르러 성우가 출장 밴드를 나갔던 어느 날, 현장에서 목격한 또 다른 '너훈아'를 보고 '너훈아가 아니다'라고 지적하자 함께 있던 그의 늙은 스승은 "나훈아 때문에 먹고사는 놈 많구만"이라고 조소한다.

여기서 복수의 '너훈아'들 사이에 위계를 설정하는 것은 사실상 무의미하다. 나아가 '원본'으로서의 나훈아의 음악 자체가 트로트라는 음악 양식의 특성상 '원본성'originality을 의심받게 마련이다. 결국, 이 장면의 아이러니는 대중음악의 속성이기도 한, '원본 없는 복제'(또는 진짜 없는 가짜) 사이의 향연에서 비롯된다.

애초에 성우의 '충고 보이스'가 「세상만사」를 부르고 있었을 때 그것은 또 하나의 너훈아였다. 나아가 '충고 보이스'의 멤버들은 단 한 번도 가본 적 없는 '와이키키' 해변을 동경하고 추억했다. '충고 보이스'가 '와이키키 브라더스'가 되었을 때, '진짜'로서의 연포 해변의 추억은 '가짜'로서의 와이키키 해변의 추억과 착종된다.

「와이키키 브라더스」는 대중매체 시대, 곧 하이퍼 리얼리티에서 음악이 불러일으키는 노스탤지어는 대중으로 하여금 더 이상 직접적 경험에서 비롯된 기억을 요구하지 않는다는 점을 보여 주고 있다. 예컨대 '386세대'의 음악적 향수는 로큰롤과 포크와 같은, 음반 매체를 통해 복제된 음향적 이미지에서 비롯된 것이다. 그것은 각자의 '연포 해변'에 대한 추억이라기보다는 그들 나름의 '와이키키 해변'에 대한 추억이다.

노래방에서 노래를 부르는 대중의 욕망 또한 애초에 '가짜'에서 출발했고, 그 '가짜'를 추억하고 그리워하기까지 한다. 즉 그들은 스스로 너훈아가 되기를, 가짜가 되기를 불사한다. 한국식의 독특한 복제 음악 문화로서의 노래방 문화가 만들어내는 희비극은 여기에 있다. 영화 제목인 '와이키키 브라더스'는 이 점에서 단순히 영화 속 밴드의 이름이라기보다는 시공간 개념을 상실한 초국가적 매체와 무한 기술복제 시대가 만들어내는 '기억이 배제된 노스탤지어'를 나타내는 절묘한 은유다.

트로트 한 소절 같은 삶

영화 말미에서 성우의 친구는 술에 취해 성우에게 다음과 같이 묻는다. "성우야, 행복해? 우리들 중에 자기 하고 싶은 것 하면서 사는 놈 너밖에 없잖아." 하지만 이 물음이 성우에게 던져지기 전까지 그의 비루한 삶을 지켜본 관객으로서는 이 물음에 대한 답변이 더 이상 궁금하지 않다. 순간 '행복해?' 하는 영화 속 물음은 관객 자신에게 되돌아온다.

「와이키키 브라더스」는 집요하게 음악가의 행복에 대한 물질적 조건을 물으며, 나아가 우리 사회를 살아가는 보편적 인간의 행복 조건을 탐색한다. 영화 결말은 언뜻 해피엔딩처럼 보인다. 성우는 고교 시절 첫사랑이었던 인희(오지혜 분)를 만났고, 성우와의 만남을 통해 인희는 한동안 보류해 두었던 음악인의 꿈을 다시 실현한다.

하지만 인희가 나이트클럽 무대에서 「사랑밖에 난 몰라」를 부르는 「와이키키 브라더스」의 마지막 장면은 관객의 연민을 자아낸다. 「와이키키 브라더스」의 해피엔딩이 갖는 역설적이고 복합적인 의미는 시각과 청각 양면에서 한꺼번에 전달된다. 관객은 이미 영화 첫 장면에서 마지막 장면과 동일한 모습으로 무대에 섰던 와이키키 브라더스 밴드가 고별 연주를 하고 있었음을 기억하고 있으며, 이후 그들이 해체와 절망의 상황을 겪었다는 사실도 잘 알고 있다.

나아가 카리스마 넘치는 눈빛으로 청중을 휘어잡으며 샤우트 창법으로 「아이 러브 로큰롤」을 부르던 인희의 고교 시절 모습을 기억하는 관객은 그녀가 나이트클럽 무대에서 트로트를 노래하는 마지막 장면에서 웃을 수도 울 수도 없는 복합 감정에 사로잡힐 수밖에 없다. 영화 「와이키키 브라더스」는 잡초와도 같은 익명의 삶 속에서 서로 구별할 수 없도록 얽혀 있는 거짓과 진실을 담담하게 그려내고 있다. 아니, 그려내고 있다기보다는 마치 트로트 한 소절처럼 투박하고 애절하게 노래한다.

07 / 피아노 건반에 드리운 모성의 그림자

「호로비츠를 위하여」

좌절된 꿈

학원을 찾은 극성스런 엄마들과 상담을 마친 뒤 지수(엄정화 분)는 설거지를 하기 위해 주방 싱크대 앞에 서서 수돗물을 튼다. 그리고 왼손에 꼈던 반지를 거칠게 빼서 싱크대 옆 작은 냉장고 위에 신경질적으로 올려놓는다. "어쩜 사람들이 하나같이! 거지 같은 동네에 와가지고 ……." 지수가 설거지하는 사이에 학원에 몰래 들어온 경민은 피아노 건반을 두드려 보다가 학원 여기저기를 어질러놓는다. 설거지를 마친 지수가 기겁을 하고 경민을 발견하여 뒤쫓는데, 부엌까지 달려간 경민을 붙잡으려 실랑이를 벌이는 와중에 냉장고 위에 놓아두었던 반지가 싱크대로 굴러떨어져 수챗구멍으로 빠진다.

세계적 피아니스트를 꿈꾸던 지수가 변두리 동네 학원 경영에 뛰어들면서 겪게 된 첫 번째 수난이다. 물론 이것은 단순한 수난이 아니다. 반지로 상징된 지수의 '꿈'이 수챗구멍 속으로 종적을 감추어버렸기 때문이다. 화려한 무대 위에서 환상적으로 펼쳐져야 할 꿈이 지저분하고 내키지 않는 일상의 현실 속으로 파묻혀버리고 말았다는 뜻이다. 지수는 수챗구멍에 빠진 자신의 꿈을 다시 건져낼 수 있을까? 음악영화 「호로비츠를 위하여」2006가 관객에게 던지는 첫 번째 물음이다.

영화 결말에서 이 물음은 해답을 찾는다. 독일에서 성인이 되어 돌아온 경민이 화려한 고국 무대에서 라흐마니노프의 피아노 협주곡을 연주하는 장면, 클로즈업된 경민의 오른손 새끼손가락에 지수의 반지가 끼워져 있다.

마침내 성공적으로 연주를 끝낸 경민은 지휘자와 포옹을 하고 3층 객석까지 가득 메운 청중의 열광적인 박수 소리에 답례한다. 청중을 배경으로 경민의 뒷모습을 멀찍이서 비추는 카메라의 시선은 지수의 꿈이 경민을 매개로 마침내 실현되었음을 알린다. 이윽고 오랜 독일 생활에 한국어를 잊어버린 듯한 경민은 독일어로 자신의 옛 스승 지수에 대한 헌사를 바치고 앙코르곡으로 로베르트 슈만Robert Schumann의 「꿈(트로이메라이)」을 연주한다. 지수가 어린 경민에게 들려주었던 곡이다. 이 순간 스크린에는 지수의 머릿속에 떠올랐을 법한 어린 경민과의 추억의 이미지들이 몽타주 화면으로 펼쳐진다. 무대 위 경민의 모습을 배경으로 크레딧이 올라가고 영화는 막을 내린다.

그러니 이 영화는 의심의 여지없이 우리들의 꿈에 대한 이야기다. 피아노 전공자의 생생한 현실을 다룬 이 영화가 음악을 전공하는 이들만이 아니라 일반 관객에게도 공감을 이끌어낸 이유는 여기에 있을 것이다. 이 영화가 한때 우리가 꾸었던 꿈, 그러나 촘촘한 현실의 그물코에 걸려 체념하고 보류해 두었던 꿈, 그 좌절된 꿈이 어떤 방식으로 실현될 수 있는가 하는 문제에 대한 한 가지 해답을 제시해 주기 때문이다.

요컨대 해답은 이렇다. 좌절된 꿈을 다시금 실현할 차세대 주자를 찾을 것, 그를 이용하려 하지 말고 그와 따뜻한 인간적 유대를 형성할 것,

마지막으로 그에게서 나를 지우고 '큰 선생님'을 찾아줄 것. 이 마지막 단계의 희생제의가 그를 내 꿈의 대리인으로 만들어줄 것이다. 영화 속 김지수의 모습 위로 교육열에 불타는 우리 사회의 이른바 '기러기' 부모의 이미지가 중첩되는 것도 무리가 아니다.

피아노와 근대

「호로비츠를 위하여」는 여러 면에서 흥미로운 음악 문화적 텍스트다. 클래식 음악을 전공하는 이들의 생생한 현실이 잘 반영되어 있어서라기보다는 클래식 음악과 관련한 우리 사회의 여러 일상적 풍경이 이 영화 속에 종합적으로 제시되어 있기 때문이다. 특히 이 영화에서 초점을 맞추고 있는 피아노는 단순한 영화적 소품으로 이해될 수 있는 것이 아니다. 그것은 한국 사회에서 서구와 근대를 상징하는 강력한 기호다.

악기로서 피아노가 갖는 두 가지 물리적 특징이 있다. 피아노는 크고 무겁다. 이 같은 두 가지 특징은 피아노 연주자에게 불가피한 몇 가지 제약을 가한다. 첫째, 이 악기를 연주할 만한 일정 규모의 넓은 실내 공간을 확보해야 하며, 둘째, 이 악기를 실외로 들고 다닐 생각을 해서는 안 된다. 한편, 악기로서 피아노가 갖는 두 가지 합리적 성격이 있다. 첫째, 건반 위의 건key은 각각 분리된 하나의 음을 명석판명하게 낼 수 있도록 장치되어 있다. 둘째, 피아노 건반은 옥타브 단위의 시각적 그루핑grouping에 의해 철저하리만큼 기계적으로 정렬되어 있다(피아노 건반은 컴퓨터의 입력장치와 똑같은 이름의 '키보드'다). 이 두 가지 합리적 성격은 다음과 같은 음악적 결과를 도출해 낸다. 첫째, 이 악기는 초보자라도 쉽게 깨끗한 소리의 음을 낼 수 있다. 둘째, 지속적 훈련을 거친다면 누구라도 이 악기를 가지고 일정 수준의 복잡한 악곡을 연주할 수 있다.

여기에 피아노의 경제적인 특징 한 가지만 덧붙이자면, 피아노는 높은 소득 수준이 전제되어야 할 만큼 비싼 악기다. 이제 이상의 사실만으로도 피아노가 '산업화 사회 중산층 이상 가정의 여성들을 위한 악기'로서 자리매김된 이유를 알 수 있을 것이다. 중산층 가정의 널찍한 거실 한쪽에 멋진 장식과 함께 자리를 차지한 피아노, 그 피아노 의자에는 하루 종일 집안에 머물러 남편 혹은 가장을 기다려야 하는 여성들이 앉게 되는 것이다. 저녁 식사 시간을 마치고 소박한 가정음악회가 열릴 때 파이프 담배를 물고 이 광경을 흐뭇하게 바라보는 가장의 모습, 그것은 근대 시민사회의 가부장적 이상이 실현된 행복한 가정의 모습이다.

장-오귀스트-도미니크 앵그르, 「스타마티 가족」(1818)

서구에서 피아노는 1700년경에 발명되었지만 피아노가 오늘날의 모습을 갖추고 음악인들의 폭넓은 관심과 사랑을 받은 것은 18세기 후반 이후, 정확히는 19세기 이후의 일이다. 이 시기는 서구 사회에서 산업혁명과 시민혁명이 이루어지면서 도시 생활을 하는 중산층 가정이 확산되는 시기였다. 이 시기 발달된 산업화 공정은 피아노의 대량생산을 이끌어 점차 피아노 가격을 낮출 수 있게 했다. 피아노는 차츰 중산층과 상류층 가족의 가정 음악 활동에서 중심적 역할을 담당하게 된다.

서구에서 19세기에 일어난 피아노와 관련된 일련의 문화적 양상이 한국에서는 급속한 산업화와 근대화가 이루어지던 1970년대와 1980년대에 집중적으로 벌어졌다. 이 시기 한국의 중산층 가정 부모들에게서 "자식에게 피아노를 가르쳐야 한다"라는 식의 신념은 거의 집단적 강박에 가까웠다. 그것은 물론 서구식 근대에 대한 환상과 동경에서 비롯된 것이다.

그리하여 온 나라가 서구식 근대화를 위해 돌진하던 그 시절, 중산층 가정의 딸들은 한결같이 '피아노 치는 여성'이기를 요구받게 된다. 「호로비츠를 위하여」의 김지수는 바로 이 시대의 딸을 대표한다. 살아생전 그녀를 희생적으로 지원했다는 그녀의 죽은 아버지(그는 실패한 사업가였다) 또한 그 시대 중산층 가정의 전형적 가부장의 모습을 재현하고 있다. 김지수의 꿈은 따라서 단순한 개인적 야망이나 욕망에서 비롯된 것이 아니다. 그것은 우리 사회와 역사, 그리고 문화에 의해 구성된 집단적 욕망의 산물이기도 한 것이다.

피아노 치는 여자

피아노 치는 여성의 세련되고 아름다운 이미지는 종종 남성의 눈을 멀게 만든다. 물론 이러한 유혹적 이미지에는 근대의 가부장적 여성관이 투영되어 있으며, 피아노 치는 여성의 이미지에 현혹되는 남성은 실상 이와 같은 방식으로 재현된 이미지를 응시하게 된다. 그는 그렇게 재현된 이미지를 통해 무의식 속에서나마 자신이 바라는 미래의 어느 한 장면을 그려내고 욕망한다. 그 장면은 물론 대중을 주도하는 합리적 리더로서의 모습이거나 앞의 그림에서와 같은 성공한 가장의 모습이다. 적어도 산업화와 근대화의 자장 안에 있던 남성들은 이러한 '낭만적 거짓'의 구도에서 자유로울 수 없었다.

「호로비츠를 위하여」에서 김지수의 피아노 치는 모습에 매혹되는 심광호(박용우 분) 역시 그렇다. 심광호가 처음 지수의 피아노 치는 모습을 응시하게 되는 이 낭만적인 장면은 앞에서 언급한 '수챗구멍에 빠진 꿈'의 장면과 흥미롭게 중첩된다. 김지수의 피아노 치는 모습에 반한 심광호는 곧바로 싱크대 배수관을 열어 김지수의 반지를 찾아주는데, 김지수의 꿈은 이렇듯 심광호의 손길(나아가 경민의 손길)에 의해 구제될 운명이다.

심광호라는 영화 속 인물 설정과 관련하여 흥미로운 것은 그가 동네의 소규모 피자 가게 주인이라는 블루칼라 이미지를 갖고 있으며, 피아니스트 '호로비츠'를 '공포의 해변(호러 비치)'이라는 뜻으로 오해할 만큼 희화화된 음악 문외한으로 그려지고 있다는 점이다. 이러한 캐릭터 설정은 물론 영화의 희극적 요소를 만들어내기 위한 편의적 장치이기도 하다. 하지만 '세련된 피아노 연주자의 이미지에 매혹되는 세련되지 못한 남성 캐릭터'라는 영화적 설정은 일종의 전형성을 띠고 있다.

이러한 전형적 캐릭터 설정에는 '욕망의 삼각형 구도'가 감추어져 있다. '피아노 치는 여성'으로서의 지수를 향한 광호의 욕망은 실상 지수라는 인물 그 자체에 대한 것이라기보다는 '성공한 중산층 가장이

원하는 것'과 관련 있어 보인다는 것이다. 영화 속 심광호의 욕망에 감추어진 이와 같은 삼각형 구도를 읽어내는 것은 어렵지 않다. 피아노 콩쿠르를 망친 경민에게 실망한 나머지 그를 매몰차게 내쫓은 데 대한 양심의 가책을 느낀 김지수가 포장마차에 홀로 앉아 소주잔을 기울이는 장면에서 뜻밖에 나타난 심광호는 김지수의 테이블에 합석한 뒤 다음과 같이 말한다. "저는, 선생님은 와인 같은 것만 드시는 줄 알았는데……." 대수롭지 않게 던지는 심광호의 이와 같은 대사는 그가 김지수의 피아노 치는 모습에 반했던 무의식적 심층의 이유를 설명해 준다.

무엇보다 영화 속 마지막 장면에서 적지 않은 세월이 흐른 이후의 심광호의 모습은 이 인물과 관련된 욕망의 삼각형을 극적으로 드러내고 있다. 곧 심광호는 영화를 보는 관객을 향해 애초에 자기 욕망의 중개자였던 '성공한 중산층 가장'의 모습을 스스로 실현해 보여 주는 것이다. 익숙한 외출인 듯 김지수를 불러내 승용차에 태우고 콘서트홀에 데려간 중년의 심광호는 콘서트홀 객석 김지수의 옆자리에 앉아 성인이 된 경민의 성공적인 연주를 감상한 뒤 흐뭇한 미소를 띠며 기립박수를 친다. 이렇듯 화려한 콘서트홀 내부 객석에서 중년의 심광호가 재현하는 성공한 부르주아 남성의 모습은 더 이상 놀이동산 티켓을 사서 어설픈 데이트 신청을 하던 젊은 심광호의 모습이 아니다.

결국, 영화 속 심광호가 재현하는 인물상은 김지수의 아버지가 재현하는 인물상과 흥미롭게 중첩된다. 이렇게 하여 영화는 처음으로 되돌아온다. 김지수의 아버지는 한국의 근대화 과정에 열정적으로 동참해 온 욕망에 가득 찬 부르주아 남성을 일반화해서 만든 하나의 원형적原型的 인물이다. 김지수는 바로 자신의 아버지가 원했던 것을 대리인의 자격으로 꿈꾸었으며, 심광호 또한 사실상 같은 것을 꿈꾸었다. 영화 「호로비츠를 위하여」의 이데올로기적 계기는 바로 이렇듯 피아노나 클래식 음악과 관련한 부르주아 사회의 남성적 욕망을 계속해서 정당화하고 있다는 점이다.

피아니스트의 꿈

심광호라는 인물을 통해 전형화되는 남성적 욕망의 실현은 실상 경민이라는 인물을 통해 좀 더 극단적으로 그려진다. 영화에서 경민은 고물이나 폐지를 주어 파는 것으로 생계를 이어가는 무지한 할머니 손에서 자라는 극빈층 아이로 그려진다. 음악 천재로 그려지는 경민에게 콩쿠르 준비 따위에나 몰두하는 김지수의 음악교육은 그저 따분할 뿐이다. 곧 이 아이가 피아노를 배우면서 새롭게 알게 되는 세계는 '음악의 세계'라기보다는 김지수와 같은 '세련된 어머니'의 품이 있는 곳, 나아가 턱시도에 나비넥타이를 매고 가족음악회를 여는 이국적인 '상류층의 세계'다.

이 때문인지 평소에는 야생의 망아지 같은 성품을 보이는 경민이지만, 검은 정장을 차려입고 무대에만 서면 길들여진 준마처럼 고분고분해진다. 특히 독일인 교수의 집에서 펼쳐진 하우스콘서트에서 세련된 매너로 김지수를 위해 피아노를 연주하는 경민의 모습은 이 영화에서 가장 비현실적인 장면에 속한다. 곧 영화 안에서 경민은 사실상 김지수의 욕망이 움직이는 방향을 실체화해서 그려주는 유령 같은 존재라고 해도 좋다. 그리하여 이 장면은 심광호가 김지수의 피아노 치는 모습에 반했던 장면과 내밀하게 접속된다. 곧 김지수의 시선은 심광호의 시선으로 되돌아간다.

이 점에서 피아노를 매개로 한 성공의 주체로 그려지는 경민이 여자아이가 아닌 남자아이로 설정되어 있는 것은 우연일 수 없다. 남성적 욕망이 주도하는 이 영화의 실질적인 주인공은 김지수라기보다는 경민이기 때문이다. 한편, 영화 속에서 음악 전공자들의 초라한 현실을 들추어내는 여러 장면은 그런 왜곡된 현실을 극복하고자 하는 비판적 계기나 성찰적 전망을 결여하고 있다는 점에서 그 현실 풍자의 진정성을 의심받을 만한데, 특히 이러한 장면 속에서 대상화된 인물이 전적으로 여성이라는 점은 영화 속 남성적 시선의 관음증적 징후를 드러내고 있다.

영화 「호로비츠를 위하여」는 피아니스트들의 꿈을 다룬 영화이지만, 화려한 콘서트 무대에 서야 한다는 맹목적 목표 설정 외에 그들의 꿈과 욕망에 담긴 음악적 모티프를 찾아내기란 사실상 어렵다. 역설적이지만 「호로비츠를 위하여」가 드러내는 생생한 이 땅의 음악 사회의 현실은 바로 여기에 있다.

유학, 콩쿠르, 음악 천재 ……, 한국의 피아니스트들과 클래식 음악가들을 둘러싼 꿈과 욕망은 서유럽의 근대 혹은 그 화려한 근대성의 풍경이 불러일으키는 환상과 동경에서 비롯되었으며, 근대화를 위해 맹목적으로 달음질쳐 온 한국 사회의 물질적 지향에 대한 문화적 표현이기도 했다. 그것은 곧 매개된 욕망, 나아가 주체 없는 욕망이다. 이 욕망이 그려내는 삼각형 구도를 생각해 보면, 이 영화의 제목이 '지수를 위하여'도 '경민을 위하여'도 아닌 '호로비츠를 위하여'인 것도 이해할 만하다.

08 / '아우슈비츠 이후'의 음악

「피아니스트」

독일의 철학자 테오도어 W. 아도르노Theodor W. Adorno는 나치의 유대인 집단학살이 이루어진 '아우슈비츠'Auschwitz를 상징적 기준점으로 삼아 예술과 문명의 전후를 나누었다. 그는 "아우슈비츠 이후에 서정시를 쓰는 것은 야만적"이라는 유명한 말을 남겼다.

아도르노의 이 같은 명언을 떠올려보면, 유대인 집단학살을 다룬 로만 폴란스키Roman Polański 감독의 영화 「피아니스트」The Pianist, 2002에서 '피아노의 시인'이라 불리는 프리데리크 쇼팽Frédéric Chopin의 피아노곡이 전편에 깔린 것은 얄궂다. 이는 물론 실존 인물을 모델로 한 영화 속 주인공 피아니스트 블라디슬로프 스필만Władysław Szpilman이 쇼팽과 같은 폴란드인이라는 점을 고려한 설정일 것이다. 하지만 감독은 영화라는 시청각적 체험의 도구를 통해 아도르노의 비관적 예술관을 실험해 보기라도 하듯이, 영화의 시작과 끝을 포함하여 곳곳에서 홀로코스트의 잔혹하고 음산한 풍경과 쇼팽의 서정적 음악을 대비한다.

이 영화에서 그려지는 세 가지 음악 풍경은 특히 주목할 만하다. 첫 번째는 유대인 집단수용소의 열차 건널목 앞에서 거리의 악사들이 연주하는 민속음악이다. 유대인들이 열차가 지나기를 기다리며 서 있는데, 그들을 심술궂은 표정으로 보고 있던 독일 경찰들이 돌연 그들에게 "춤추라"고 명령한다. 경찰의 과장된 지휘 제스처에 맞추어 무표정한 얼굴로 연주하는 악사들과 경찰의 명령에 따라 마지못해 춤을 추는 유대인들의 모습은 애처롭다 못해 보는 이의 분노를 일으킨다.

또 다른 풍경 역시 수용소 안에서 그려진다. 수용소 내에서 일자리를 찾을 수 없어 가난에 허덕이던 스필만은 결국 나치에 협력하는 유대인들(그의 동생이 '기생충'이라고 저주를 퍼붓는 이들)의 유흥 장소인 어느 레스토랑에서 피아노를 연주하게 된다. 하지만 이곳에서도 스필만은 자유롭게 피아노를 연주할 수 없다. 피아노 앞 테이블에 앉아 있던 어느 나치 부역자가 불쑥 웨이터를 통해 스필만의 연주를 잠시 멈추도록 주문한 뒤 테이블 위로 던진 동전 구르는 소리에 귀를 기울인다. 그에게는 스필만의 피아노 소리보다 금화를 골라내는 동전 소리가 더 중요하다.

나치의 유대인 집단수용소를 배경으로 그려지는 위의 두 가지 음악 풍경은 아도르노가 '문화 산업'이라고 명명한 20세기 대중문화의 풍경을 암울하게 형상화하고 있다. 첫 번째 풍경이 자연공동체의 유대를 잃어버린 채 강제된 유흥으로 전락한 민속음악의 운명을 나타낸다면, 두 번째 풍경은 철저하리만큼 사회적 기능에 속박된 채 문화 상품으로 퇴락한 살롱 음악의 초라한 모습을 그리고 있다. 문화 산업이라는 거대한 수용소 안에서 우리는 첫 번째 음악을 '대중음악'이라고 부르며, 두 번째를 '클래식 음악'이라 부른다.

학살 장소로 향하는 기차에서 극적으로 빠져나온 스필만이 목숨을 건 도피 과정에서 은신처에 있던 피아노 건반에 두 손을 얹고 행여 소리가 날까 상상의 연주를 하는 장면 또한 '아우슈비츠 이후'의 음악과 예술이 처한 곤경에 대한 아도르노적 은유라 하겠다. 하지만 영화 속

음악 풍경은 여기서 그치지 않는다. 이 영화에서 가장 인상적인 세 번째 음악 풍경이 아직 남아 있는 것이다.

폭격으로 폐허가 된 거리의 어느 건물에 숨어들어간 스필만은 극도의 굶주림 속에서 죽음의 마지막 고비에 이르게 된다. 그러던 어느 날 독일 장교와 맞닥뜨린 절망적 상황에서 그는 장교의 뜻밖의 주문을 받고 거실의 낡은 피아노 앞에 앉아 쇼팽의 발라드를 연주한다. 체념 속에 모든 것을 내려놓은 스필만의 피아노 연주는 독일 장교를 감동시켰고 그의 도움을 받아 스필만은 극적으로 살아남을 수 있게 된다. 하지만 이것이 그저 해피엔딩일까.

삶과 죽음의 경계에 선 스필만의 피아노 연주 장면이 주는 감흥은 다른 지점에 있는 듯하다. 영화를 보는 관객은 스필만이 당한 극심한 폭력과 굴욕의 과정을 몸서리치게 추체험한 뒤에야 비로소 음악이 주는 찰나적 구원의 순간을 확인하게 된다. 요컨대 모든 적대적 관계를 무효화하는 진지한 음악적·심미적 소통의 힘이 컴컴한 절망과 체념의 끝에 이르러서야 한 줄기 빛처럼 드러난다는 것, 그것이 나치의 비인간적 폭력을 경험한 예술과 음악의 현대사가 우리에게 말해 주는 것이다.

"그저 아름답고 즐겁게 소통할 수 있는 민속음악과 살롱 음악은 더 이상 없다." 철학자 아도르노와 영화감독 폴란스키는 '아우슈비츠 이후'의 음악에 대해 같은 이야기를 서로 다르게 하는 것인지도 모른다.

09 / 기술복제 시대의 음악

「피아니스트의 전설」

20세기 초반 벤야민이 영화라는 새로운 복제예술에서 가능성을 발견한 것은 크게 두 가지 이유에서였다. 영화는 '진품명품'의 아우라aura가 없다는 것, 즉 미국 할리우드의 극장에서나 서울의 극장에서나 어디서든 질적으로 전혀 차이가 없는 영화가 상영될 수 있다는 민주적 특성이 첫째요, 특유의 편집을 거쳐 움직이는 몽타주 화면이 관객의 새로운 감각적 체험('촉각적 체험')을 이끌어낸다는 것이 둘째 이유였다. 음악도 그럴까? 음악이 음반이나 라디오로 무한 복제되어 청중에게 전달될 때, 벤야민이 영화에서 기대한 그러한 잠재력이 실현될 수 있을까?

실상 20세기의 음악은 복제기술에 지배당했고 장르를 불문한 '음반의 시대'가 되었다. 영화 「피아니스트의 전설」La Leggenda del pianista sull' oceano, 1998의 모티프이자 배경이 되는 것은 바로 이러한 '기술복제 시대'의 음악이다. 20세기 초 유럽과 미국을 오가는 거대한 여객선에서 태어나 자란 영화 속 천재 피아니스트 '나인틴 헌드레드'(이하 '헌드레드')는 음반 산업과 미국 대중음악이 음악 문화적 헤게모니를 장악하게 된

20세기의 미학적 딜레마를 잘 보여 준다.

영화의 핵심적 장면은 주인공 헌드레드의 연주를 처음이자 마지막으로 녹음하는 장면이다. 주인공은 음반업자가 가져온 녹음기 앞에서 영문도 모른 채 피아노 연주를 시작하는데, 우연히 객실 창문에 비쳐 보인 갑판의 소녀에게서 받은 사랑의 감흥을 그는 즉흥적인 피아노 연주 속에 담아낸다. 녹음 세션은 성공적으로 마무리되고, 만족한 음반업자는 녹음 원판을 수십만 장으로 복제 판매하여 엄청난 수익을 거둘 수 있다고 장담하지만, 기계적으로 재생된 자신의 연주를 듣고 놀란 헌드레드는 녹음 원판을 가로챈다. 그가 단호한 어조로 남긴 말은 "나 없이 내 음악이 떠돌아다니게 할 수는 없다"라는 것이었다.

그에게 음악은 '지금-여기'의 아우라가 있는 직접성immediacy을 통해서만 체험될 수 있는 것, 미디어를 통해 간접적으로 전달되는 음악은 더 이상 음악이 아니다. 이율배반적인 것은 그가 자신의 연주가 담긴 녹음 원판을 폐기하지 않고 가져갔다는 사실이다. 복제되기 전前 단계의 녹음 원판에는 아우라가 남아 있다는 뜻일까? 물론 그럴 리가 없다. 그는 오히려 자신의 라이브 연주에서 결여되었던 무엇, 즉 부족한 아우라를 마저 채우기 위해 그 녹음 원판을 이용한다. 녹음의 순간 그의 연주에 영감을 주었던 창밖의 소녀, 그 소녀가 미처 그의 음악을 듣지 못한 것이다.

주저와 망설임과 몇 번의 실패 끝에 헌드레드가 처음으로 소녀와 이야기를 나눌 수 있었던 것은 이미 여객선이 목적지인 미국의 항구에 닿아 소녀가 배에서 막 내리려 할 때였다. 승객 속에서 어렵사리 소녀를 발견한 그는 오래전에 같은 배에서 만난 적이 있는 그녀의 아버지와의 인연을 이야기하며 인사를 건넸고, 아버지가 전했던 비밀의 언어로 뜻이 통한 소녀는 답례로 그의 볼에 입맞춤을 한다. 뒤늦게 헌드레드는 녹음 원판을 그녀에게 전해 주려 하지만 인파 속에 밀려 멀어져 가는 소녀는 안타깝게 소리칠 뿐이다. "뭐라고요? 잘 안 들려요."

아쉬움이 남았지만 소녀는 배에서 내렸고 그녀의 입맞춤으로 소통은 이루어졌다. 헌드레드는 그제서야 씁쓸한 표정으로, 하지만 미련 없이 녹음 원판을 부수어 휴지통에 내던진다. 이것이 배 위에서 일생을 살다간 어느 피아니스트의 전설이다. 그러니까 그 전설은 '재즈의 왕' 젤리 롤 모턴Jelly Roll Morton을 가볍게 제압했다는(물론 영화적 설정이다) 그의 초인적 연주 실력을 뜻하는 것만은 아니다. 음악의 아우라와 음악을 통한 직접적 소통 그 자체가 '기술복제 시대'의 전설이 되었다는 뜻이다. 하지만 부서진 원판은 누군가에 의해 접착제로 복원되고 그러한 전설조차 음반으로 전해진다는 것이 이 영화가 환기하는 20세기 음악의 역설이다.

어느덧 21세기는 '포스트 음반 시대'가 되었다. 사이버 공간에 편재하는 디지털 음원은 기술복제의 전혀 다른 차원을 그려내고 있으며, 음반 산업이 수명을 다했음을 직감한 자본은 발빠르게 대규모 라이브 공연과 음악 축제 기획으로 향하고 있다. 음반조차 전설이 된 21세기에 헌드레드가 살아 있다면 또 어떤 혼란을 느낄까?

10 / 철새가 사라진 자리, 눈먼 민요

「서편제」와 「천년학」

임권택 감독의 영화 「서편제」1993는 이청준의 연작소설 『남도 사람』(각각 독립적이면서도 서로 내용적 연관을 이루는 세 편의 단편소설 「서편제」와 「소리의 빛」, 그리고 「선학동 나그네」로 이어지는)에서 「서편제」와 「소리의 빛」 두 작품을 원작으로 삼고 있다.

주인공 동호가 어렵사리 찾은 눈먼 누이 송화의 소리에 눈물을 흘리며 북장단을 치는 영화의 마지막 장면은 한국 영화사상 최초로 100만 명을 넘긴 관객에게 깊은 여운을 남겼다. 영화와 소설에서 표현되는 배다른 오누이 송화와 동호 사이의 미묘한 근친적 애정 관계는 "몸을 대지 않는 소리와 장단의 기묘하게 틈이 없는 포옹과도 같은"(이청준, 「소리의 빛」 중에서), 말하자면 한국 전통음악과 판소리 특유의 승화된 관능미에 대한 은유적 형상화로 해석해 볼 수 있을 것이다.

임권택 감독은 이청준의 연작소설 가운데 마지막 단편소설 「선학동 나그네」를 마저 영화화하지 못한 데 대한 미련이 있었던 것 같다. 그래서 「서편제」 이후 14년이나 지나 「선학동 나그네」를 원작 삼아 그의 100번째 작품으로 연출한 영화가 「천년학」2007이다. 이 영화에서는

「서편제」 이후의 이야기가 많이 다루어지는 만큼 좀 더 현대로 다가와 있는데, 이 때문인지 근대화 혹은 현대화 과정에서 훼손된 자연들, 그리고 이러한 자연을 통해 은유되는 전통 문화에 대한 상실감이 짙게 담겨 있다.

전통음악과 민요는 철새와도 같은 운명을 겪기 마련이다. 산업화와 근대화가 휩쓸고 간 황막한 도시의 풍경에서 더 이상 철새를 찾을 수는 없다. 새마을운동과 근대화의 거센 물결이 이루어지던 1970년대에 직선으로 뚫린 신작로길을 버스로 달려 물길이 끊긴 '선학동'으로 누이를 찾아가는 동호의 모습으로 시작되는 영화 「천년학」은 이처럼 판소리와 민요에 대한 미학적 은유보다는 역사적 은유를 좇는다.

여기서 눈먼 누이 송화는 순수한 민요(판소리)의 상징적 구현이요, 딸을 눈멀게 한 아버지 유봉은 껍데기만 남은 우리의 전통과 민족적 권위를 나타낸다. 동호는 알 수 없는 강박으로 판소리의 미학(송화의 자취)을 좇는, 바로 우리 자신의 모습을 보여 준다. 이러한 음악사적 은유의 맥락에서 영화 「천년학」에는 흥미로운 캐릭터가 덧붙여 그려지는데, 동호의 동거녀인 단심이다.

단심은 동호가 한때 몸담은 유랑 창극(서양의 오페라나 뮤지컬처럼 등장인물의 역할을 나누고 반주를 다양화하여 대중성을 높인 판소리의 근대화 버전) 단체인 '태평양 극단'의 여주인공이다. 단심은 극단 내에서 소리의 '법제'를 따지는 정통파 판소리 명창 조평세에게서도 "천박하게 노랑목을 쓴다"라고 비난받기 일쑤이며, 동호를 짝사랑하여 아이를 낳고 그와 동거까지 하게 되지만 오로지 누이 송화를 찾는 데에만 몰두하는, 그로부터도 외면당하다가 아이를 사고로 잃고 끝내 정신병자가 된다.

영화 후반부에서 중동 건설 현장에 가 적지 않은 돈을 벌어온 동호가 눈먼 누이를 위해 정성스레 지은 소리 공부방에 곱게 차려입은 단심이 찾아온다. 그녀가 정신병원에서 탈출해 온 사실을 알길 없는 동호는 옛 동거녀의 예기치 않은 방문에 어리둥절하면서도 자신이 직접 설계하여 갓 지은 건축물의 이모저모를 그녀에게 자랑스레 설명한다. 부러움에 찬 눈빛으로 설명을 듣던 단심은 끝내 눈물을 글썽이며 말한다. "나도 장님 돼서 이 집에서 살고 싶다."

영화는 집요하게 정통 판소리의 미학을 좇으면서도 예술로 인정받지 못한 채 상업화의 맹목적 요구에 굴복한 모습의 혼종적 국악(동호에 버림받고 폐인이 된 단심은 늘 노름에 빠져 사는 모습으로 그려진다)에 대한 동정 어린 시각도 함께 보여 주는 것이다. 물길이 끊겨 더 이상 학이 드나들지 않는 '선학동'에서 우리는 어떤 판소리, 어떤 민요의 재림을 꿈꾸는 것일까? 돌아올 수 없는 누이의 형상만 좇다가 단심을 돌보지 않은 동호의 모습이야말로 성찰해야 할 우리 자신의 모습은 혹시 아닐까?

11 / 늙어버린 클래식에게

「콰르텟」

2010년 독일 체펠린 대학에서 수행한 한 조사 연구에 따르면, 클래식 연주회에 참석하는 청중의 연령이 평균적으로 55세에서 60세 사이인 것으로 나타났다. "지난 20년간 클래식 음악 청중의 평균 연령 증가 속도는 전체 인구의 평균연령 증가 속도에 비해 세 배나 빨랐으며, 향후 30년 내에 클래식 음악 청중의 수는 3분의 1로 줄어들어 사실상 자연사 상태에 이를 것"이라는 적잖이 충격적인 분석이다.

클래식 음악계의 이런 현실을 고려하면, 은퇴한 음악가들의 삶을 다룬 영화 「콰르텟」Quartet, 2012을 단순히 노년의 삶에 대한 성찰을 담은 영화로만 볼 수는 없을 것이다. 기부금과 공적 자금으로 운영되는 럭셔리 양로원 '비첨하우스'에 기거하고 있는 영화 속 노년의 음악가들은 내내 자신들의 휴양 시설에 대한 지원금이 끊길까 전전긍긍하는 모습을 보인다. 그것은 영화 속 현실일 뿐만 아니라 문화와 제도로서의 클래식 음악이 처한 냉정한 현실이기도 하다.

「콰르텟」은 오페라 작곡가 주세페 베르디Giuseppe Verdi의 탄생 100주년이었던 2012년에 때맞춰 만든 영화답게 베르디의 오페라 아리아들이 흘러넘치지만, 영화의 줄거리는 진지한 두 남녀 주인공(레지와 진)과 다소 익살스러운 남녀 조역(윌프와 씨씨)이 이끌어가는 모차르트 오페라 식의 구성을 따른다.

줄거리는 단순하다. 테너인 레지(톰 커트니Tmo Courtenay 분)와 소프라노인 진(매기 스미스Maggie Smith 분)은 젊은 시절 스타 성악가 커플로 결혼을 했지만, 결혼식 직전에 진이 저지른 한순간의 불륜 행위와 레지의 오해가 겹쳐 결혼 첫날부터 파경을 맞았다. 배신감 속에서 여생을 보낸 레지는 은퇴 후 비첨하우스에서 살다가 어느 날 새로 입주하는 이가 진이라는 사실에 충격을 받는다. 영화는 이들 두 주인공이 젊은 날의 상처를 극복하고 따뜻한 용서와 화해에 이르는 과정을 담고 있다.

영화 속 두 주인공의 성찰은 물론 애정 관계에 얽힌 그들 자신의 인생에 대한 것이지만, 여기에 음악적 성찰이 절묘하게 맞물린다는 점이 흥미롭다. 레지는 비첨하우스에서 정기적으로 학생들을 위한 오페라 강좌를 해왔다. 비틀스Beatles의 음악조차도 경멸했던 순수 음악 지상주의자였던 그가 젊은이들의 음악을 이해하고자 노력하기 시작한다. 그리고 그날의 특강에서 흑인 힙합 소년과의 만남과 대화를 통해 레지의 경직된 음악관에 작은 균열이 생기는 순간, 비첨하우스를 찾은 진과 갑작스럽게 재회하게 된다.

비첨하우스에 온 뒤, 진 역시 음악과 관련한 변화를 겪는다. 비첨하우스에서 기획하는 작은 음악회에서 30년 만에 「리골레토」의 사중창을 다시 부르자는 동료들의 제안을 처음 들었을 때 진은 불같이 화를 낸다. 왕년의 프리마 돈나가 초라한 무대에서 늙어 빛바랜 목소리로 노래할 수는 없다는 것이다. 화해를 청하러 온 씨씨(폴린 콜린스Pauline Collins 분)에게 실수로 린치까지 가한 그녀는 차츰 자신의 아집과 독선에 상처를 입는 동료들의 모습을 깨닫게 된다. 그녀는 결국 사중창 무대에 서기로 결심한다.

자신의 전성기 시절 목소리를 녹음한 음반만을 반복해 들으며 과거에 묶여 있던 그녀가 늙고 초라해진 자신의 모습을 받아들이고 현재의 시간으로 뛰어든 것이다. 그녀로서는 음악이 그저 명예와 자존심을 위한 것이 아니라 완벽하지 않더라도 서로의 호흡과 감정을 함께 나누기 위한 것이라는 사실을 처음 깨닫는 순간이기도 했을 것이다.

힙합 소년이 지켜보는 무대에 네 사람의 늙은 성악가가 당당하게 서는 장면으로 영화는 막을 내린다. 영화의 크레딧과 함께 흘러나오는 「리골레토」의 사중창은 다소 얄궂게도 오페라 속 네 남녀가 사랑의 배신과 치정이 얽힌 불꽃 같은 감정을 분출하는 대목이다. 그것은 레지와 진이 과거의 묵은 상처를 씻어내는 제의적 과정으로 보인다.

서로 다른 네 목소리가 얽혀들며 서로 다른 내면의 감정을 정밀하게 그려내는 사중창, 그것은 서양 근대음악, 곧 클래식 음악이 이루어낸 독창적 성과임에 분명하다. 늙은 성악가들이 부르는 「리골레토」를 들으며 힙합 소년조차 그렇게 느꼈을 것이다. 레지와 힙합 소년이 서로를 인정했듯이, 진이 화석이 돼버린 과거의 명예와 자존심을 버리고 살아 있는 앙상블을 선택했듯이, 클래식이 스스로의 독선과 아집을 버릴 수 있다면 다시 세상과 화해할 수 있지 않을까? 영화 「콰르텟」이 '늙어버린 클래식'에게 던지는 물음이다.

12 / 노래는 어디에

「그 여자 작사 그 남자 작곡」

음악에 해박했던 18세기 프랑스의 계몽주의 사상가 장-자크 루소Jean-Jacques Rousseau는 당시의 음악이 화성의 논리에 빠져든 나머지 '말에서 완전히 분리된 예술'이 되었다고 비판한다. "순전히 물리적인 진동의 결합 효과로 국한된 음악은 자연의 목소리였을 때 불러오는 정신적인 효과마저" 잃어버렸다는 것이다.

「그 여자 작사 그 남자 작곡」Music and Lyrics, 2007은 로맨틱 코미디의 흥행 공식에 충실한 할리우드 오락영화지만, 사운드 효과에 치중하여 노랫말을 하찮게 다루는 최근의 대중음악 풍토에 대한 루소적인 비판을 담고 있다. 영화 속에서 퇴물가수로 전락한 1980년대의 팝스타 알렉스(휴 그랜트Hugh Grant 분)가 인기 아이돌 가수 코라 콜먼(헤일리 베넷Haley Bennett 분)으로부터 뜻밖의 듀엣 제의를 받아 그녀의 뮤직비디오 촬영 현장에 갔을 때, 동양풍의 이국주의와 섹시 코드를 한껏 버무린 춤과 노래에 실린 가사는 대략 이랬다. "열반의 기쁨을 느끼고 싶어/ 오 샨티 샨티~/ 달콤한 구원과 불타는 열정을 원해."

작은 공원에서의 이벤트 공연이나 소규모 모임의 초청 공연 무대를 전전하는 알렉스로서는 모처럼 찾아온 기회를 놓칠 수 없었다. 단 2주일 만에 '사랑을 찾아가는 길'이라는 제목의 노래를 새로 써서 코라의 대형 콘서트에서 함께 불러야 하는 촉박한 일정의 미션이다. 곡은 직접 쓸 수 있지만 가사가 문제였는데, 우연히 만난 문학도 출신의 여주인공 소피(드루 배리모어Drew Barrymore 분)가 작사가 역할을 해주게 된다.

이후 작사가와 작곡가로서 곡을 만들어가는 과정에서 두 사람 사이의 사랑이 싹튼다는 통속적인 줄거리지만, 두 주인공이 각각 멜로디와 가사를 상징하거나 대변하는 점이 흥미롭다. 소피의 가사가 완성되어 나오기만을 기다리다 지친 알렉스가 "그냥 가사일 뿐이니 대충 내뱉으라"면서 '멜로디 우위론'을 내세우면, 발끈한 소피가 다음과 같이 답하는 식이다. "멜로디는 첫인상, 육체적 매력과 같은 것이지만, 서로 사귀게 되면 그들만의 숨은 얘기들이 가사가 돼요."

대중음악계에서 뮤직비디오의 시대가 열렸던 1980년대는 '가사(와 선율의 조화)를 중시하는 음악'에서 '볼거리와 사운드 효과에 치중하는 음악'으로 변해 가는 이행기였다. 이 시기의 팝스타였던 알렉스가 가사를 다소 하찮게 여기는 것도 당연해 보인다. 하지만 대중음악에서 가사를 다루는 방식이 좀 더 크게 바뀐 것은 1990년대 이후인데, 미디 컴퓨터 음악과 디지털 샘플링 기술의 급격한 발전으로 대중이 가사보다는 사운드 자체를 감각적으로 즐길 수 있게 된 탓이 크다. 루소가 말한 "순전히 물리적인 진동의 결합 효과로 국한된 음악"은 아이돌 댄스그룹의 미디 샘플링 음악에 가장 잘 부합한다. 음악 테크놀로지의 발전은 산업화된 음악 생산과 소비 속에서 노랫말의 측면에서 보면 적잖이 퇴행적 양태를 불러왔다.

영화는 아이돌 음악의 섹시 댄스를 잠시 멈추고 느린 발라드 선율에 실린 편안한 가사로 돌아오는 보수적 방식으로 안일하게 해피엔딩을 유도하지만, 영화 밖 음악계의 현실은 그렇게 만만하지 않다. 시청각적 자극에 몰두하는 문화 산업은 '노랫말'을 소홀히 다루는 정도가 아니라 '노래' 자체의 존립을 위협하는 상황으로 치닫고 있기 때문이다.

영화의 첫 장면에서도 이러한 문제의식의 일단이 엿보인다. 여기서 알렉스는 「80년대 퇴물가수 배틀」이라는 텔레비전의 새 프로그램에 섭외 받아 제작진의 설명을 듣고 있다. 잊혀가는 1980년대의 가수들이 경쟁을 벌여 이긴 쪽이 노래를 부를 수 있는 자격을 얻는 서바이벌 예능 프로그램인데, 그 경쟁 종목이 글쎄 권투란다. 2007년에 개봉된 이 영화를 볼 때만 해도 나는 수년 후에 한국에서 그와 비슷한 프로그램이 실제로 탄생할 줄은 미처 몰랐다. 권투로 경쟁하는 것은 아니지만 프로그램 탄생 배경과 발상은 거의 똑같은 「나는 가수다」라는 프로그램이었다.

이제는 일상이 되어 버린 크고 작은 서바이벌 음악제전에서 가창력 있는 가수들이 좋은 가사의 노래를 부르곤 하지만, 거기서 우리가 보고 듣는 것은 사실상 '권투'와 같은 것은 아닌지 의심스러울 때가 많다. 화성 탓에 음악이 말을 잃어버렸다는 루소의 한탄조차 배부른 소리로 느껴지는 것도 이 때문이다.

13 / 자유예술가의 사회적 조건
「아마데우스」

영화 「아마데우스」Amadeus, 1984는 볼프강 아마데우스 모차르트Wolfgang Amadeus Mozart의 천재적 음악성을 시기한 빈의 궁정악장 안토니오 살리에리Antonio Salieri가 모차르트의 독살을 교사했다고 하는 확인되지 않은 소문을 소재로 하고 있다. 영화 마지막 장면에서 말년의 살리에리가 휠체어에 몸을 실은 채 정신병원 복도를 지나오면서 양옆으로 스쳐 보이는 인간 군상에게 자조적으로 외치는 대사는 관객으로 하여금 (환청으로 들리는 모차르트의 웃음소리와 함께) 섬뜩한 느낌까지 들게 한다. "세상의 모든 평범한 인간들이여, 내가 너희의 죄를 사하노라. 내가 너희 모두의 죄를 사하노라."

하지만 '평범함의 죄'를 지은 우리가 영화 속 살리에리의 그로테스크한 대속代贖에 공감을 보이기에 앞서서 던져야 할 중요한 물음이 있다. 모차르트의 천재성이란 과연 무엇일까? 그것은 정말이지 신에 의해 주어진 것일까? 사회학자 노르베르트 엘리아스Norbert Elias라면 다르게 말할 것이다. 그는 자신의 유작인 『모차르트』*Mozart*에서 '모차르트는 (선천적 천재가 아니라) 사회적으로 만들어진 천재'라는 사회학자다운 결론을 내린다.

모차르트에게 비범한 집중력과 예민한 듣기 능력이 선천적으로 주어져 있었다는 점을 부인하는 것은 아니지만, 그러한 능력의 소유 여부와 그 능력이 실제로 뛰어난 예술적 창조로 발현되는가의 여부는 전혀 별개의 문제라는 것이다. 엘리아스는 모차르트의 짧은 일생을 통해 천재적 음악가가 나오기 위한 사회적 조건을 추출해 낸다.

우선 모차르트가 당시 꽤나 널리 알려진 바이올린 교재의 저자이기도 했던 아버지 레오폴트 모차르트Leopold Mozart에게서 체계적인 음악교육을 받았을 뿐만 아니라 그런 아버지와 함께 어린 시절부터 유럽 각국을 돌아다니며 당대 최고의 음악가들을 만나 교류하고 그들의 음악을 직접 들어볼 수 있었다는 사실을 고려해야 하겠다. 하지만 엘리아스가 지적하는 천재성의 사회적 발현 조건이 이렇듯 일종의 조기 교육이나 영재 교육을 의미하는 것은 물론 아니다.

엘리아스의 주장은 모차르트가 1781년에 아버지를 비롯한 주위의 거센 반대를 무릅쓰고 고향 잘츠부르크를 떠나 빈으로 갔던 그 비범한 결단력과 관련되어 있다. 1791년 요절할 때까지 빈에서의 10년 동안 모차르트는 「후궁 탈출」, 「피가로의 결혼」, 「돈조반니」, 「마술피리」 등의 주요 오페라는 물론 교향곡 40번, 41번이나 피아노 협주곡 20번, 21번과 같은 걸작들을 '그야말로' 쏟아냈다.

그 10년 사이에 1789년의 프랑스 혁명이 있었다. 모차르트는 근대 유럽 사회 최고의 격변기에 창작혼을 불태웠던 셈인데, 음악가와 예술가가 속한 중산층 시민계급이 확고한 정치 권력을 잡기 전에 그는 너무 일찍 세상을 떠났다. 역사의 아이러니이기도 하지만 위대한 창조력은 이러한 과도기적 상황에서 발휘된다. 엘리아스가 말하듯이, 그것은 언제나 "몰락하는 구계급의 규범과 부상하는 신흥 계급의 규범 사이에 전개되는 역동적인 갈등으로부터 자라나는 것이다."

영화 「아마데우스」 또한 모차르트의 마지막 10년에 주목해 그가 잘츠부르크를 떠나는 1781년의 이야기로 시작한다. 영화 초반 자신의 충실한 '하인'이기를 요구하는 잘츠부르크 대주교를 향해 엉덩이 인사로 욕보이는 모차르트의 모습은 개연성 있는 사실의 재현이라기보다는 '자유예술가'를 향한 모차르트의 실존적 결단을 나타내는 은유적 묘사로 보는 것이 옳을 것이다. 그는 귀족의 후원 시스템을 거부하고 자유를 찾아 빈의 음악 시장으로 향했지만 당시의 여러 정황상 그것은 무모한 시도였다.

모차르트는 물론 비범한 재능을 가진 음악가였다. 하지만 엘리아스에 따르면, 그의 그러한 재능이 어떻게 작품 속에서 펼쳐졌는가 하는 것은 "궁정음악가인 그가 '자유예술가'로의 걸음을 너무 일찍, 말하자면 사회 발전이 이를 가능케는 했지만 아직 제도적 준비가 덜 된 시점에서 서둘러 내디뎠다는 사실과 밀접한 관련이 있다."

이제 살리에리의 광기 어린 시선을 거두고 엘리아스의 합리적 시선으로 영화 「아마데우스」를 다시 본다면, 모차르트의 천재성과 비범함은 다른 모습으로 드러날 것이다. 그것은 청중과 직접 소통하는 '자유예술가'가 되기 위해 낡은 관습과 제도의 틀을 거부하는 용기와 결단력이다. 물론 작곡가 개인의 용기와 결단력만으로 '자유예술가'의 사회적 조건이 충족되는 것은 아니다. 이미 비장한 결심으로 탈제도의 모험을 감행하고 있거나 준비하고 있는 한국의 젊은 작곡가들에게는 잔인한 이야기가 될지도 모르지만, 비범한 용기를 가진 선구적 실패자들이 후대의 성공에 대한 발판이 되어줄 것이다. 루트비히 판 베토벤Ludwig van Beethoven이 자유예술가로서 성공을 거두기 전에 모차르트의 실패가 있었듯이 말이다.

14 / 음치란 무엇인가
「사운드 오브 노이즈」

각각 음악과 미술을 전공한 올라 시몬손Ola Simonsson과 요하네스 슈테르네 닐손Johannes Stjarne Nilsson은 2001년에 독특한 형식의 단편영화를 제작하여 유튜브에 공개했다. '한 아파트와 6인의 드러머를 위한 음악Music for One Apartment and 6 Drummers'이라는 제목의, 영화라고 해도 좋고 음악이라고 해도 좋을 작품으로, 주인이 집을 비운 사이 아파트에 숨어 들어가 온갖 가재도구를 이용하여 소리를 내고 음악을 만든다는 설정이다. 이 단편영화에서 그려지는 범죄가 기껏해야 무단 가택침입 수준에 그쳤다면, 9년이 지난 후 여섯 명의 배우(연주자)를 그대로 출연시킨 「사운드 오브 노이즈」Sound of Noise, 2010에 이르러서는 도시 전체를 대상으로 하는 테러 수준으로 발전했다.

하지만 「사운드 오브 노이즈」는 단편영화 「한 아파트와 6인의 드러머를 위한 음악」의 단순한 확장판이 아니다. 단편영화에는 없던 새로운 주인공을 등장시켜 '테러범의 뒤를 쫓는 형사'라는 내러티브를 완성했는데, '아마데우스'(벵트 닐손Bengt Nilsson 분)라는 상징적 이름을 가진 이 형사의 캐릭터가 영화의 의미를 새롭게 만들어낸다. 세계적 지휘자로 활약하는 자신의 친동생을 비롯해 온 가족이 명망 있는 클래식 음악가들이며, 그러한 가족 분위기에서 모차르트의 이름까지 덤으로 얻었지만 그는 갈데없는 음치에 음악 혐오주의자인 것이다.

이 영화는 이러한 음치가 탄생하는 메커니즘을 정교하게 포착하고 있다. 음치란 무엇일까? 『뮤지킹 음악하기』*Musicking*, 1998의 저자 크리스토퍼 스몰Christopher Small은, '음치'가 말 그대로 '음높이'를 구분하지 못하는 것을 의미한다면 이 세상에 음치란 있을 수가 없다고 단언한다. 그가 청각장애인이나 언어장애인이 아니라면 말이다. 음성학적으로 볼 때, 모음을 구분(예컨대 'ㅏ' 소리와 'ㅓ' 소리를 구분)하여 듣는 것만 해도 음악에서의 음높이보다 더 정교한 음높이 구별 능력이 요구된다. 말하자면 모음 구별과 발화만 제대로 할 수 있다 해도 그는 음치일 리가 없다는 것이다.

그렇다면 노래방에서 간혹 발견되는 그 음치들은 누구란 말인가? 이 질문에 대한 스몰의 답변은 실제 '음치 클리닉'으로 수백 명의 음치를 교정한 음악 전문가의 임상적 경험과 일치한다. 그들은 성장기에 크고 작은 음악적 트라우마를 경험한 이들이다.

예를 들어 초등학교의 반 대항 합창대회 연습 상황에서 입상에 눈이 먼 선생님은 음을 곧잘 틀리는 한 아이에게 말한다. "철수야 너는 입 벌리는 시늉만 해라." 친구들의 웃음소리를 들으며 철수도 멋쩍게 함께 웃어 보지만, 그는 이제부터 돌이킬 수 없는 음치의 길을 걷게 되는 것이다. 그래서 경험 있는 '음치 클리닉' 전문가는 상담을 통해 그 트라우마의 순간을 무의식에서 불러내고 그 상처를 치유한다.

음악을 혐오하는 아마데우스는 영화에서 도시 전체를 연주회장과 악기로 삼겠다는 여섯 명의 테러범을 쫓다가 마지막 순간에 그들과 화해한다. 그것은 말하자면 음치가 치유되는 순간인데, 이 순간은 역설적이지만 아마데우스가 (자신의 처음이자 마지막일 작곡 행위를 통해) 도시의 음악 테러에 가담하는 대가로 침묵의 소리를 얻는 모습으로 은유된다.

문제는 이 영화에서 설정되는 음치가 단순히 아마데우스 형사만은 아니라는 점이다. 아마데우스의 강박 관념은 사실상 우리 모두의 것이기도 하다. '음악은 이러저러한 것이다', '음악가는 이런저런 사람이다'(너 따위가 넘볼 생각도 마라)라는 관습적 사고와 주입식 교육 속에서 우리의 음악성은 석화되고 음악가로서의 잠재력은 퇴화되어 왔다. 알 수 없는 강박 속에서 우리 모두는 음치가 된 것이다.

「사운드 오브 노이즈」는 음치가 된 우리들이 생각하는 그 '음악'에 대해서 충격을 가하는, 그럼으로써 경직된 음악적 사고로부터 깨어나는 음악적 치유를 도모하는 영화다. 하지만 그 치유가 실제의 관객(우리 음치들)에게 효험을 나타낼지는 의문이다. 이 음악의 테러리스트들조차 버리지 못하는 저 메트로놈의 딸깍이는 소리, 그 소리로부터 자유로울 수는 없을까? 그 소리가 최소한의 리듬을 부여한다고 인정하더라도, 그 소리에 정교하게 맞추어 음악을 연주하는 그들은 여전히 우리 같은 음치들은 넘보지 못할 경지에 있으며 우리를 주눅 들게 한다. 20세기 초 아방가르드 음악 테러리스트들이 그랬던 것처럼.

제2장

조율 음악과 음악 사이

01 / 집고양이와 길고양이, 혹은 민요의 존재론

르윈의 저녁식사

포크 가수인 르윈(오스카 아이삭Oscar Isaac 분)은 친절한 포크송 애호가 골파인(이선 필립스Ethan Phillips 분) 교수의 아파트 소파에서 모처럼 단잠을 자고 일어나 아무도 없는 집을 나서다가 그만 교수 부부가 애지중지 키우는 고양이를 떠맡게 된다. 현관문을 열고 닫는 순간 고양이가 빠져나왔는데 자동으로 문이 잠겨버린 것이다. 빈털터리에 뭐 하나 되는 일이 없는 르윈은 결국 그 고양이를 잃어버리고 만다.

코엔 형제Coen brothers의 영화 「인사이드 르윈」Inside Llewyn Davis, 2013 도입부에서 생기는 해프닝이다. 이 영화는 1961년의 추운 겨울 뉴욕 그리니치빌리지의 뒷골목을 배경으로 포크 가수 르윈 데이비스의 1주일간의 암울한 일상을 그리고 있다. 그나저나 고양이는 어떻게 되었을까? 영화 중반부의 시퀀스 하나를 조금 자세히 소개해 보기로 하자.

잃어버린 고양이를 길에서 우연히 발견한 르윈은 안도하며 지하철을 타고 어퍼웨스트사이드의 교수집을 다시 방문한다. 하지만 르윈과

고양이를 반갑게 맞은 골파인 교수가 때마침 마련된 저녁식사 모임에 르윈을 끌어들이면서부터 상황은 다시 꼬이기 시작한다.

세 명의 지식인 손님 가운데에는 턱수염을 기른 풍채 좋은 클래식 음악가 조(브래들리 모트Bradley Mott 분)가 있었다. 누가 음악을 '만국공통어'라고 했던가? 이 저녁식사 자리에서 음악은 오히려 선의로 맺어진 관계마저 파국에 이르도록 만드는 소통 파괴의 장치다. 식사를 마치고 골파인 교수 부부가 르윈에게 노래를 불러달라며 기타를 가져다주는데, 르윈으로서는 지금 노래를 부를 기분이 아니다. 아마도 그는 식사 시간 내내 조로부터 고음악early music 강의를 듣고 골파인 교수로부터 사회학 강의를 들어야 했을 것이다.

노래를 부르지 않겠다는 르윈의 명확한 의사 표현에도 불구하고 골파인의 부인 릴리안(로빈 바틀릿Robin Bartlett 분)은 거듭 르윈의 노래를 요청하며 교양 있게 말한다. "노래를 부르는 것은 영혼의 행복한 표현이에요." 결국 사달이 난 것은 마지못해 기타를 잡고 노래를 시작한 르윈이 노래의 후렴 부분을 부를 때였다. 눈을 감고 르윈의 목소리를 음미하던 릴리안이 후렴부에서 화음을 넣어 함께 부르기 시작한 것이다.

노래하는 그녀를 신경질적으로 곁눈질하던 르윈은 마침내 노래를 멈추고 그녀를 향해 "그만두라!"고 쏘아붙인다. 일순간 식탁의 분위기는 싸늘하게 식었고 르윈은 참아왔던 분노의 감정을 폭발시켰다. "나는 음악을 생업으로 하는 사람입니다. 음악이 제겐 심심풀이 게임 같은 게 아니라고요!"

"릴리안에게 너무한 거 아니냐"라는 골파인 교수의 점잖은 지적에도 르윈은 더욱 격앙된 어조로 덧붙였다. "내가 언제 저녁식사에 저를 초대해서 그 빌어먹을 강의 듣게 해달라고 한 적 있어요? 노래는 내 직업이에요. 그걸로 월세를 내는 내 직업이라고요!" 충격 속에 릴리안은

울며 자리를 피해 나가고 파티 분위기를 망친 르윈 역시 "죄송하다"라는 말을 남기고 조용히 옷을 챙겨 입고 나가려는데, 갑자기 릴리안의 비명소리가 들린다. 르윈이 데려온 고양이가 골파인 부부가 기르던 '집고양이'가 아니라 비슷한 생김새의 '길고양이'라는 게 밝혀지는 순간이다.

민요 오디세이

영화 속의 짤막한 장면이지만 스크린 너머에서 지켜보고 있기에도 민망한 저 저녁식사 자리에서의 해프닝은 현대인의 음악적 삶에 대해 많은 것을 상징하고 은유하며 또한 풍자한다. 르윈이 부르는 '포크송'folk song은 우리말로 '민요'다. 영화는 도시 속 민요가 처한 양자택일의 운명을 은유적으로 가리키고 있다. 집고양이가 될 것인가, 길고양이가 될 것인가?

지식인의 호의로 초대받은 안락한 중산층 가정의 울타리 안에서 '영혼의 행복한 표현'으로서 노래를 하는 것, 그것은 르윈과 같이 주변의 지인들에 성가시게 빌붙어 좁고 작은 소파에서 하룻밤 지친 몸을 누이며 살아가는 존재에게는 어울리지 않는 일이다. 그는 상처받고 갈데없는 길고양이인 것이다.

민요는 원래 집고양이가 아니라 길고양이와 같은 것일까? '그렇다'라고 쉽게 대답하기는 곤란할 듯하다. 산업화와 도시화 이전의 원형적 형태로 말하자면, 민요는 오히려 집고양이에 가까웠다. 그것은 평범한 사람들의 일상과 함께 있었고 그들과 함께 기거했다. 요컨대 민요는 그리고 민요를 부르던 사람들은, 도시의 콘크리트 골목길에서 불쑥 나타나 경계의 눈빛을 보내다가 훌쩍 담벼락을 넘어 사라지는 그런 낯선 존재가 아니었다.

그렇다면 저 고급한 취미와 호의로 가득 찬 저녁식사 자리의 하우스 콘서트와 같은 것이 민요의 제 모습일까? 여기서 민요는 지식인들의 찬사를 받으며 음미되고 감상된다. '민요 부흥'folk music revival의 움직임이 본격화하던 1960년대의 미국이 그랬고 1970년대와 1980년대의 한국이 그랬듯이, 민요는 정치적으로 동원되어 제도화의 길로 들어섰고 서서히 길들여진 집고양이가 되어갔다. 그 과정에서 모가비와 광대는 명인과 명창으로 대접받게 되었지만, 그것은 발전인 만큼 자기부정의 과정이기도 했다.

사라진 철새를 생각하는 생태론적 관심에서 '실종된 민요'를 회고하는 것이 이 글의 의도는 물론 아니다. 인간이 사라지지 않는 한 민요는 사라지지 않는다. 민요의 존재론은 집고양이와 길고양이의 변증법 속에 있다. 코엔 형제는 바로 이 지점을 절묘하게 포착하고 있다. 영화가 던지는 메시지는 다음과 같이 요약할 수 있을 듯하다. 오디세우스의 여정과도 같은 '집'과 '길' 사이의 고단한 변증법적 여정 속에서 비로소 현대의 민요는 우리에게 그 존재를 드러낸다는 것이다. 집을 나왔던 골파인 교수의 고양이 이름이 '율리시즈'인 것도 무리가 아니다.

지금 여기, 21세기 한국 민요의 존재론

이러한 오디세이의 서사가 한국음악, 한국 민요의 현실에 정확히 부합하는 것은 아니다. 미국이나 서양의 경우 민속음악folk music이 대중음악popular music과 직접적인 관계를 맺어왔다면, 한국의 민속음악은 대중음악으로부터 일정한 거리를 취해 왔다. 대중음악은 외래 음악의 일종으로 간주되어 전통음악의 맥락에서 사실상 배제되었기 때문이다. 하지만 산업화와 도시화 이후에 한국인의 일상은 민속음악이 아니라 대중음악을 통해 표상되었다.

그 결과 한국의 민요는 미국의 경우와 어떻게 달라졌을까? 제도화 과정에서 한국의 민요는, 말하자면 '집고양이냐 길고양이냐'의 선택보다는 '집고양이냐 들고양이냐'의 선택 상황에 처해 왔다고 할 수 있다. 사실상 그것은 집고양이를 향한 일원적 선택의 강요에 다름 아니었다. 요컨대 한국의 민요는 오랜 세월 저 아스팔트와 빌딩숲으로 과감히 나서지 못한 채 제도화된 '국악'의 울타리 주변을 기웃거리며 지식인의 취미와 호의에 기댈 수밖에 없었다. 그리고 그 울타리 안에서 숨죽이며 다음 세대 소리꾼들을 키워왔다.

흥미로운 것은 그 제도화 과정이 21세기 들어 또 다른 일상을 형성하게 되면서 한국 민요의 '길고양이'들을 새롭게 등장시키고 있다는 사실이다. 21세기의 젊은 국악 연주자들에게 전통음악(국악)은 현대화된 제도이면서 동시에 자신들의 일상이다. 이들 가운데 적어도 일부는 저 안락한 제도와 불화한 채 영화 속 르윈과도 같은 고단한 대중예술가의 일상을 선택하게 될 것이다. 그들 가운데 또 일부는 (바라건대) 밥 딜런 Bob Dylan 같은 새로운 개념의 스타가 되어 또 하나의 제도를 스스로 구축하게 될지도 모를 일이다. 그들에 의해 민요의 '민'folk과 대중음악의 '대중'people이 일상의 한 접점에서 만나는 순간에 제도로서의 한국 음악은 근대성과 현대성의 중요한 전기를 마련할 것이다.

그러니 언제부턴가 저 차가운 콘크리트 골목에서 불쑥 나타나 경계의 눈빛과 낯선 시김새로 말을 거는 국악계의 길고양이들을 예의주시할 일이다. 공명, 이자람, 고래야, 잠비나이, 박인혜 등이 한때 길고양이였거나 여전히 길고양이들이지만 앞으로도 더 많은 길고양이들이 생겨날 것이다. 이는 '국악'이라는 제도가 수용할 수 있는 수준 이상의 너무 많은 고양이를 길러내고 있기 때문이기도 하다. 그들이 제도의 품을 떠나 겪어야 할 고단한 오디세이 여정을 생각할 때 무책임한 이야기처럼 들리겠지만 말이다.

02 / 리얼리티 음악 경연 프로그램과 갈등의 서사

세계적 차원에서 대중음악은 20세기 말과 21세기 초에 경제적 신자유주의가 전면화되고 '위험사회'의 양상이 본격적으로 가시화된 이후부터 대중의 현실적 정서와는 괴리되는 지점을 만나게 된 듯하다. 대중은 달콤한 사랑 노래에 감동하기 위해 순순히 지갑을 여는 일을 꺼리게 되는데, 그러한 노래의 비현실성이 '생활정치' 맥락에서 날카로운 현실 감각을 갖게 된 청중을 매료시키는 데에는 사실상 한계를 보이기 때문이다.

또한 이것은 대중음악의 주된 소비층인 청년 계층 일반의 기초적 삶의 조건이 불안정한 경제적 현실과 음향 재생 테크놀로지의 급격한 변화라는 물리적 환경과도 맞닿아 있다. 1세기가량 지속되어 온 음반 판매의 산업적 가치가 매체의 발전과 함께 무화無化되면서 음악 산업은 새로운 음악 판매 전략을 수립해야 하는 처지가 되었는데, 이렇듯 '포스트 음반 시대'에 직면한 음악 산업은 신자유주의 시대 대중의 분열적 정서를 활용한, 다시 말해 경쟁과 갈등의 서사를 활용한 음악 소비의 새로운 유형을 창출할 필요성을 직감했을 것이다.

경쟁과 갈등의 정서적 효과를 극대화하여 이를 음악 산업적 가치로 전화시키는 텔레비전 리얼리티 음악 경연 프로그램의 전全 세계적 유행은 이러한 사회적·문화적 환경 변화를 전제로 하지 않고서는 온전히 이해하기 어려울 듯하다. 신자유주의 경제체제 아래의 사회적 갈등을 지구상의 그 어떤 지역보다 첨예하게 겪고 있었던 영국에서 이러한 유형의 프로그램이 착상되고 전파되었다는 점 또한 우연일 수만은 없을 것이다.

2002년 첫 방송을 시작한 미국 폭스 TV의 「아메리칸 아이돌」은 2001년에 시작된 영국의 「팝 아이돌」을 미국화한 일종의 프랜차이즈 문화 상품이다. 영국을 종주국으로 한 이들 리얼리티 음악 경연 프로그램은 프랜차이즈 제작 형태로 전 세계를 오디션 열풍으로 몰아갔으며, 한국 케이블 방송국 엠넷Mnet의 「슈퍼스타K」 시리즈는 미국의 「아메리칸 아이돌」의 포맷을 거의 그대로 복제했다.

한국 사회에서도 1997년 금융위기를 겪으면서 자의반 타의반 신자유주의적 경제체제를 수용한 이래 무한 경쟁과 이에 따른 사회적 분열이 부정할 수 없는 현실로 인식되기에 이르렀다는 점을 고려하면, 「슈퍼스타K」나 「위대한 탄생」, 「나는 가수다」, 좀 더 최근에는 「불후의 명곡」, 「복면가왕」, 「프로듀스101」 같은 서바이벌 음악 경연 프로그램이 한국의 음악 산업 일반에 적지 않은 영향을 끼치며 커다란 대중적 반향을 일으키고 있는 이유를 헤아려볼 수 있을 것이다.

20세기 이후에 생겨난 크고 작은 클래식 음악 경연(콩쿠르)이 신인 클래식 음악가들의 등용문으로 자리 잡게 된 것을 통해 볼 수 있듯이, 음악 경연에 대한 의미 부여는 클래식 음악의 영역에서 이미 오래전부터 행해져 왔다. 다시 말해 서바이벌 오디션 프로그램의 유행은 대중음악 영역에까지 침범해 들어간 서구 근대음악의 이데올로기적 변주요, 확장이기도 하다. 이는 또한 음악을 통해 표상되는 근대의 개인주의적 주체가 사회 전 계층으로 확장되었음을 의미함과 동시에 근대적 주체의 불안 또한 사회적으로 전면화되었음을 의미하는 후기 근대적 징후라고도 할 수 있을 것이다.

음악 경연 그 자체의 존재는 전근대사회나 고대로까지 소급해 올라갈 수 있겠지만, 근대적 형태의 음악 경연이 예전의 축제적 경연과 다른 점이 몇 가지 있다. 우선 수상자에게 부여되는 보상의 성격이 다르다. 근대적 음악 경연은 문화적 장에서의 자격 부여, 즉 산업사회의 직업적 음악인으로서의 경력을 향한 크고 작은 자격 부여를 목적으로 한다. 또 다른 점은 대중으로부터 '합리적' 판단을 위임받은 '심사위원'의 존재다. 즉 '심사위원'이 일반 청중을 대신하여 공평하고 정당한 비평적 판단을 해줄 것이라는 대의민주주의적 전제가 근대적 음악 경연에 미적 정당성을 부여한다. 이를 통해 음악 경연은 그 연행적 성격 자체에서 '경쟁'이라는 갈등적 요소가 합리적 판단(심사 결과)을 통해 해결되는 '갈등과 해결'의 근대적 서사 구조를 갖추게 된다.

텔레비전 리얼리티 음악 경연 프로그램이 근대의 일반적 음악 경연과도 구별되는 면모는 '리얼리티'reality라는 단어의 함의를 통해 설명될 수 있다. 이 경연은 한마디로 '현실적'이다. 한 명의 스타 음악가를 만들어내기 위해 어떤 복잡한 문화 산업적 매개가 이루어지는지 그 현실의 메커니즘을 시청자들은 이들 텔레비전 프로그램을 통해 목격하게 되기 때문이다. 이러한 프로그램을 통해 시청자들은 음악 만들기의 매개된 중간 과정이 최종 무대에서의 성과와 접합되는 여러 구체적 방식을 이해하게 된다. 요컨대, 관습적으로 감추어져 왔던 무대 밖의 음악적 현실이 시청자들에게 일정 부분 여과 없이 노출된다는 점이 텔레비전의 '리얼리티' 음악 경연 프로그램이 여타의 음악 경연과 구별되는 점이며, 여기에서 제한적이나마 이 프로그램이 갖는 진정성을 읽어낼 수도 있다.

음악 경연 프로그램이 음악 안팎의 '현실'과 직접적으로 맞닿아 있다는 점은 디테일한 현실 감각이 그 어느 때보다 중요시되는 후기 근대의 시대정신에 부응하는 것이기도 하다. 음악과 같은 문화 혹은 예술 양식도 가상 영역에 머물러서는 안 되며 실제적 현실이 투영될 때에만 그 가치를 획득할 수 있는 것이다. 한국의 경우에 음악 경연 프로그램은 대중음악이 빠른 속도로 대학제도에 편입되는 현실 과정과도 밀접한 관련을 가진다. 어린 대중음악 지망생은 이제 '실용음악 입시생'으로 간주되며, 그들은 모두 크고 작은 오디션을 준비하기 마련이다. 실제로 선배 가수들은 '교수'가 되어 이들을 평가하고 심판하는 위치에 선다. 대중음악은 이렇게 제도의 층위에서 이전과는 다른 권위주의적 현실을 구성하고 있다.

음악 경연에 반영된 이러한 현실 감각이 일정한 제도적 권위와 연관되어 있는 이상 이들 음악 경연 프로그램은 지극히 정치적인 텍스트다. 하지만 이러한 텍스트가 현실에 대한 비판적 인식을 유도하지 못한 채 '갈등의 서사'라는 구도 안에 갇혀 있다는 점, 그 속에서 이루어지는 음악적 혹은 문화적 행위가 권위주의적 현실의 구도를 뚫고 미적 해방의 가능성을 비춰주지 못한다는 점은 지적해 둘 필요가 있다.

무한 경쟁을 무한히 정당화하는 글로벌 자본주의의 새로운 자유주의 이데올로기는 새로운 형태의 권위주의를 낳는다. 그것은 더 이상 혈연공동체의 가부장적 권력이나 국민국가를 전제로 한 독재자의 정치적 권력과 관계되기보다는 경제적 이해관계와 맞닿아 있는 성공의 표상에서 비롯된다. 다시 말해 이 시대의 새로운 권력은 사회 내부에서 이루어지는 경제적 실패의 총합에 비례하여 생성된다. 실패 가능성이

클수록 성공의 권력은 커지며, 그 권력은 강력한 권위주의의 성격을 띠게 된다. 따라서 이러한 권위주의의 유지 가능성은 성공의 표상을 화려하게 유지하는 방식과 더불어 실패자를 효과적으로 관리하는 방식과 관련되어 있다.

텔레비전 리얼리티 음악 경연 프로그램에서 참가자는 최선을 다해 노래하고 대중은 숨죽여 그 노래를 듣고 감동하며, 가려진 승패의 결과에 참가자와 대중은 묵묵히 승복한다. '경쟁과 갈등'을 단일한 서사적 축으로 삼는 이 한 편의 드라마를 텔레비전 시청의 황금 시간대에 반복 재현하게끔 하는 비결은 이들이 표방하는 '리얼리티'(현실) 그 자체에 있을 것이다. 이들 음악 경연 프로그램은 후기 근대의 분열적 삶을 살아가는 현실 속 대중으로 하여금 '경쟁하고 갈등한 뒤 실패하더라도 달갑게 받아들이는 법'을 가르친다. 그것은 산업사회의 승리자를 예찬했던 근대의 내러티브를 뒤집어 놓은 것이지만 그 내러티브가 노리는 정서적 효과는 근본적으로 동일하다.

03/ 음악학의 아마추어주의를 위하여

2012년 나는 에드워드 사이드Edward W. Said, 1935~2003의 저서 『지식인의 표상』*Representations of the Intellectual*을 한글로 완역했다. 사이드는 『오리엔탈리즘』*Orientalism*과 『문화와 제국주의』*Culture and Imperialism* 등의 고전적 저작의 저자로, 한국을 포함한 전 세계 지식계에 널리 알려져 있는 석학이다. 뛰어난 아마추어 피아니스트로서 음악에도 해박했던 그는 음악과 관련한 저술도 적잖이 남겼는데, 그가 쓴 음악 비평서 『에드워드 사이드의 음악은 사회적이다』*Musical Elaborations*의 한글 번역 작업에도 내가 공동 번역자로 참여한 인연이 있으니 그의 저작을 두 권이나 한국의 독자들에게 소개하는 행운을 가진 셈이다.

1993년에 방송된 영국 BBC 텔레비전 교양 강좌 시리즈 원고를 엮어 1994년에 발간한 『지식인의 표상』은 '지식인'에 대한 사이드의 관점이 집결된 책이다. 이 책을 번역하면서 어려웠던 점은 범접하기 힘들 만큼 다양한 관심사를 종횡하며 섬세하게 서술된 영어 문장을 정밀하게 한글로 옮겨내는 작업의 난해함 때문만은 아니었다. 번역하는 내내 원서 어디에선가 끊임없이 '지식인이란 무엇인가?', '무엇이 지식인의 삶을 위협하는가?', '지식인은 무엇을 그리고 누구를 대변해야 하는가?'라는 물음을 던져오는 저자의 호된 목소리에 주눅 들고 한없이 초라해지는 자신을 발견할 수밖에 없었기 때문이다. 한 사람의 지식인으로서, 모호하나마 '음악학자'로서의 정체성에 실존의 중심을 두고 있는 나로서는 이 책을 번역하는 동안 '지식인으로서의 음악학자'에 대한 고민을 아울러 가질 수밖에 없었다(이 책에서 사이드는 지식인의 다양한 층위를 거론하지만 음악학자 그룹을 특칭하여 논하는 부분은 '다행히도' 없다).

과연 이 땅에서 '지식인으로서의 음악학자'는 누구인가? 사이드에 따르면, 지식인이란 "자신의 온몸을 비판적 감각에 내거는 존재, 즉 손쉬운 공식이나 미리 만들어진 진부한 생각 혹은 권력이나 관습이 으레 말하고 행하는 것들에 대해 부드럽게 순응하고 받아들이기를 거부하는 감각에 실존을 거는 존재"다. 그것도, "그저 수동적으로 거부하는 것이 아니라 대중을 향해 그러한 거부감을 적극적으로 밝히는 존재"라는 것이다.

보편적 지식 형성의 도덕적 책임에 대한 의식, 즉 지식인으로서의 투철한 자의식을 갖지 않고도 지식인으로서의 정체성을 갖는다는 것이 과연 가능한 일일까? 유감스럽지만 그런 지식인들이 우리 주변에는 너무도 많다. 사이드는 현대 사회에서 이러한 일이 가능한 이유의 핵심을 '전문가주의'professionalism 에서 찾는다.

> 오늘날 서양에서든 비서양 세계에서든 특히 지식인을 위협하는 것은 학계나 도시 바깥의 지역이나 언론과 출판사의 끔찍한 상업주의가 아니라, 내가 전문가주의라고 부르는 하나의 태도입니다. 여기서 내가 말하는 전문가주의는 생계를 위한 어떤 일을 하는 지식인의 활동을 의미하는데, 하루 일과 동안 한쪽 눈으로는 시계를 보면서 다른 한쪽 눈

으로는 적합하고 전문적인 행위로 간주되는 것을 예의주시하는 것입니다. 이러한 전문가주의적 지식인의 활동은 큰 논란을 일으키지 않고 일반적으로 인정되는 패러다임이나 한계 밖으로 벗어나지 않으면서 자신의 상품 가치를 높이는 것입니다. 무엇보다 자신을 내세울 만한 존재로, 결국 논쟁적이지 않고 정치적이지 않은 '객관적' 존재로 만드는 것입니다.

독일어에 '전문가 바보'Fachidiot라는 말이 있는데, 자신의 전문 영역만을 돌보느라 주위의 보편적 관심사에 대한 이해와 분석 능력을 갖추지 못하는 학자나 연구자를 지칭한다. 위의 인용문에서 사이드가 비판하는 '전문가주의'와 맥을 같이하는 용어라 할 것이다. 나는 음악 전문가들처럼 '전문가 바보' 혹은 '전문가주의' 함정에 빠지기 쉬운 부류의 지식인층이 없다고 생각한다. 그것은 음악에 대한 전문적 지식에 요구되는 기술적 수준(예컨대 악보 해독 능력이라거나 악기 연주 능력, 음악사적 개별 사항에 대한 접근법)이 일반인은 물론이요, 음악 전문가가 아닌 타 분야 지식인으로서는 달성하기 어려운 것이라는 식의 상식이 널리 퍼져 있기 때문이다.

이러한 상식이 전적으로 틀리다고는 말할 수 없겠지만, 전문적 음악 지식에 대한 세간의 경외심을 교묘히 이용하여 자신만의 고립된 섬을 만들어온 속류의 음악 전문가들('전문가 바보들')에 의해 그러한 상식이 불필요하리만큼 확대되어 온 것 또한 사실이다. 최근 발달된 진화생물학은 음악 이론이나 음악학 이상의 복잡함과 전문성이 요구되지만 자연과학 분야를 넘어 인문학 분야에까지 영향을 끼치고 있을 뿐만 아니라 일반 교양층에게도 널리 이해되고 있다. 이렇듯 자연과학자들의 이른바 '통섭'統攝, consilience을 위한, 그리고 대중적 지식 확대를 위한 적극적 노력에 비하면, 음악학자들은 분명 편협과 자폐의 상황에 있다는 비판을 쉽게 물리치기 어려울 것이다.

음악학은 여전히 음악 분야의 특수성을 부르짖는 것도 모자라 서양 고전음악이냐, 한국 전통음악이냐를 따지고, 나아가 바로크냐 고전이냐 낭만이냐를 따지며, 정악이냐 속악이냐를 따지면서 전공專攻의 적실성을 저울질하여 분류하고 그 사이에 건널 수 없는 장벽을 쌓는다. 이제 대중음악(실용음악) 영역에서까지 일종의 '전공 병病'이 생길 조짐인데, 앞으로는 이 영역에서도 재즈 전공이냐 월드뮤직 전공이냐 한국 대중가요 전공이냐를 가지고 골목대장의 권력 다툼을 이어갈지도 모른다.

물론 합리화된 학문 체계 내에서 세부 전공을 통한 엄밀한 지식 추구의 필요성을 온전히 부인하는 것은 아니다. 사이드의 전문가주의에 대한 비판 역시 모든 지식인이 세부 전공을 버리고 '보편적 지식'을 향해 투신하라는 요구는 결코 아니다. 다만, 서로 다른 민족과 서로 다른 이념의 경계에 선 망명자적 지식인들이 증명해 보여왔듯이, "어떤 생각이나 경험은 항상 또 다른 한 가지와 대치되며, 따라서 두 가지 대치되는 것들이 어느 시점에 새롭고 예측 불가능한 빛을 받으면서 나타나게 만든다는 것", 그리고 "이러한 사고의 병치를 통해 사유 방식에 대한 더 나은, 아마도 더 보편적인 아이디어를 얻게" 된다는 점을 사이드는 모든 지식인에게 강조하고 있는 것이다.

결국 사이드는 이 책에서 지식인들에게 '아마추어주의'amateurism를 요구한다. 그가 말하는 아마추어주의는 "이윤이나 보상에 의해 움직이는 욕구가 아니라 전문성에 묶이는 것을 거부하고 직업적 제약을 극복하여 이념과 가치를 살피면서 여러 경계와 장벽을 가로지르는 연결점을 만들어 더 큰 그림을 그리는 일에 대한 애정과 충족될 수 없는 관심에 의해 추동되는 욕구"를 가리킨다.

1980년대와 1990년대 한국 음악학의 본격적 태동기에 한국의 음악학자들은 이러한 아마추어주의를 가지고 있었던 듯하다. 그들이 당시 '민족음악론'을 비롯한 사회적 의제를 만들어내고 인접 분야나 일반 대중과도 소통할 수 있었던 것 또한 이러한 '아마추어주의'에서 비롯되었다고 하겠다. 그것을 한국 음악학의 초심初心이라 해도 좋지 않을까?

한국 음악학이 어느덧 '전문가주의'에 빠져들고 '아마추어주의'로서의 초심을 잃었다고 해서 이를 온전히 음악학자들의 윤리적 책임으로 돌리고 싶은 생각은 없다. 사이드가 비판하는 지식인의 전문가주의는 무한 경쟁과 수량적 평가가 강조되는 최근의 신자유주의적 학문 풍토에서 불가피한 제도적 압력으로 요구되는 것이기도 하다. 한국의 학계에서 음악학은 여전히 주변적 위치에서 벗어나지 못하고 있다. 음악학은 인문사회과학의 넓은 영역에서 확실한 지분을 갖고 있지 못할 뿐만 아니라 음악 대학 내에서조차 독립된 전공 학문으로서의 정당성을 확보하고 있지 못한 실정이다.

21세기로 접어들면서 음악학자로서의 정체성을 가진 이들의 수는 크게 늘어난 반면 안정된 제도적 활동 영역을 찾기는 지극히 어려워진 현실적 조건에서 연구 업적 쌓기의 경쟁에 시달리는 젊은 음악학자들이 "지식인의 자질에 있어 불가결한 요소인 흥분과 발견의 감각을" 잃어버린 채 "결국 자신의 전공이라면서 남이 하라는 대로 하는 나태함"에 빠져들기란 너무도 쉽다. 이런 상황에서 1980년대나 1990년 초 음악학의 초심을 되찾자는 식의 막연한 회고주의에 빠지는 것은 값싼 낭만에 불과할 것이다.

역설적으로 들리겠지만 음악학자들이 자신의 '주변성'에 대한 좀 더 내밀한 성찰을 할 수 있을 때에야 비로소 사이드가 말하는 '학문의 즐거움'을 얻을 수 있을 것이며, 다른 학문 영역이나 대중과 소통할 수 있으리라 생각해 본다. 사이드가 다음의 인용문에서 말하는 '망명자적 지식인'(이는 '아마추어주의에 입각한 지식인'에 다름 아니다)에 대한 요구가 '망명자적 현실'에 처한 젊은 음악학자들에게 한줌의 위안이 될 수 있을까? 아니, 이 책을 번역하면서 나 자신이 그렇게 느꼈듯이 오히려 따끔한 자극이 되었으면 한다.

> 지식인에게 있어서 망명자적인 추방의 의미는 관례적인 단계를 거쳐 '성공'에 이를 것을 목표로 하는 일상화된 삶의 이력으로부터 해방되는 것입니다. 망명은 언제나 주변화되는 것을 뜻하며, 지식인으로서 수행하는 일은 미리 정해진 행로를 밟아갈 수 없다는 이유에서 결정되는 것이어야 함을 의미합니다. 당신이 운명을 어떤 박탈된 것이 아니며 고통에 찬 어떤 것이 아니라고 경험할 수 있다면, 오히려 그것을 일종의 자유로서, 자기 나름의 방식대로 자신의 관심을 끄는 것들을 행하는 발견의 과정으로서, 그리고 자기 자신의 요구에 따라 설정되는 특수한 목표로서 경험할 수 있다면, 그것은 독특한 즐거움이 됩니다.

04/ 음악의 예언자적 성격과 인문학적 상상력

경제학자이자 미래학자인 자크 아탈리Jacques Attali는 음악이 '예언자'로서의 성격을 갖고 있다고 지적한다. "음악의 양식과 경제적 조직화 경향은 여타의 사회를 앞질러가기 마련인데, 음악은 물질적 현실보다 훨씬 더 빠르게 주어진 코드code 안에서 이루어질 수 있는 가능성의 전체 영역을 탐구하기 때문"이라는 것이다.

아탈리의 통찰은 여러 면에서 증명될 수 있다. '전자책'E-book을 예로 드는 것은 어떨까? 최근 스마트폰과 태블릿 PC 등 전자책을 이용할 수 있는 다양한 단말기의 보급으로 전자책 콘텐츠가 대중화할 조짐을 보이자, 이러한 전자책이 전통적인 종이책 시장에 끼치게 될 파장을 전문가들도 저마다 조심스럽게 예견하고 있다. 하지만 문자화된 지식 유통의 메커니즘에서 나타나는 이러한 지각변동을 음악 유통의 메커니즘에서는 이미 오래전에 경험했다고 한다면?

16세기경부터 20세기 초까지 굳건히 음악 시장의 주도적 매체로 군림하던 종이 악보는 20세기 초반에 이미 축음기 음반에 자리를 내주게 되었다. '매체의 디지털화'라는 측면에서도 음악은 1970~80년대에 이미 시디CD 음반을 경험했고, 21세기로 접어들면서는 주로 무선통신 단말기를 통해 무형의 디지털 파일로 음악 상품이 유통되는 사실상의 포스트 음반 시대로 접어들었다. 그러니 종이책과 전자책의 미래를 그려보고 싶다면 과학사나 매체사를 들여다보는 것 이상으로 음악사를 참고할 필요가 있을 것이다. 21세기에도 종이 악보의 쓸모가 여전히 남아 있다는 사실이 종이책 애호가들에게 한줌의 위로가 될 수 있을지도 모르겠다.

한 가지 예를 더 들어보기로 하자. 21세기를 우리는 전 지구화와 다문화 시대라고 말한다. 전 지구화와 다문화의 문제가 본격적으로 등장하기 시작한 것은 지난 1990년대부터였다. 1989년의 베를린 장벽 붕괴가 상징하듯이, 이때부터 동서 냉전 구도가 무너지면서 세계는 자본주의 일원화로 이념적 균질화 조짐을 나타내기 시작했다. 바야흐로 마셜 매클루언Marshall Mcluhan이 말한 '지구 마을'(지구촌)이 형성될 분위기가 조성되었다는 뜻이다.

호재를 만난 초국적 기업이 자유롭게 국경을 넘나들며 '지구 마을'의 촌장 경쟁을 벌이고 새로운 경제적 기회를 찾아 각국의 노동자들은 세계를 유랑하게 되었으며, 때맞춰 위성통신과 인터넷 미디어 기술까지 급속도로 발전하면서 세기말에 전 지구화와 다문화의 분위기는 정점에 이르게 되었다. 이제 확실히 어떤 경제적·정치적·문화적 사안도 민족국가의 경계선 안에서 사고하는 것이 불가능해 보인다.

이것이 21세기가 직면하고 있는 새로운 상황일까? 그럴지도 모른다. 음악의 경우를 제외한다면 말이다. 음악은 20세기 초반부터 이미 전 지구화를 겪었다. 국내의 사례 한 가지만 지적해 두기로 하자. 한국의 일반인들에게는 일제강점기 때 「목포의 눈물」이라는 처량한 유행가를 부른 추억의 가수로만 기억되고 있는 이난영李蘭影은 실제로는 당대의 세계적 대중음악 트렌드를 거의 실시간으로 식민지 조선에 전파한 가수였다. 예컨대 1939년에 녹음하여 발표한 「바다의 꿈」이라는 노래를 들어보면 그는 스윙 재즈 반주에 맞추어 초보적 수준이나마 스캣(scat, 즉흥적 선율을 구사하면서 의미 없는 음절로 노래하는 창법)을 하고 있다. 스캣은 본토 재즈의 역사에서도 1926년에 루이 암스트롱Louis Armstrong이 최초로 시도한 것으로 기록되어 있다. 한마디로 20세기 초반 미국의 암스트롱과 조선의 이난영이 만났다면, 서로 말은 통하지 않았을 망정 충분히 함께 노래하고 연주할 수 있었을 거라는 것, 다시 말해 음악은 이 시기부터 이미 '지구 마을'을 형성하고 있었다는 이야기다.

어떻게 그런 일이 가능했을까? 무엇보다 20세기 초반에 이미 유럽과 미국의 초국가적 음반 산업이 제국주의적 경제망을 이용하여 전 세계로 사업을 확장시켜 가고 있었기 때문이다. 1920년대와 1930년대 식민지 조선의 도시민들은 콜롬비아와 빅터 등의 다국적 음반사가 배급한 유성기 음반을 통해 재즈와 블루스 같은 미국 음악뿐만 아니라 룸바와 탱고 등의 라틴 음악도 접할 수 있었다. 1930년대부터 본격적으로 소개된 할리우드 유성영화의 배경음악 또한 여기에 더해져 이 시기 도시민들의 음악을 통한 세계 여행은 이미 국경의 장벽이 없었던 것이다. 식민지 조선의 이른바 '모던' 문화가 음악에만 적용되는 것은 물론 아니었지만 다른 문화의 경우 '번역' 과정이 필요했던 반면 음악은 번역이 필요없이 조선 민중의 감각 속으로 직접 침투해 들어왔기 때문에 그 영향력의 수준이 비할 바가 아니다.

요컨대 전 지구화 시대의 문화적 특징이 무엇보다 국경을 동시대의 시공간에서 자유롭게 넘나드는 데에 있다고 할 때, 음악은 그러한 특징을 이미 20세기 초부터 실현해 왔던 것이다. 해방 이후에도 밥 딜런을 동경하던 1970년대의 통기타 세대들과 디스코와 브레이크 댄스에 열광하며 마이클 잭슨Michael Jackson의 '문 워킹'을 따라하던 1980년대의 팝음악 세대들에게 음악은 이미 민족국가의 틀 속에서 해석될 수 있는 것이 아니었다. 이 점은 찬송가와 한국 가곡에 심취했던 지금의 60~70대 여성들이나 요한 제바스티안 바흐Johann Sebastian Bach와 베토벤, 요하네스 브람스Johannes Brahms와 구스타프 말러Gustav Mahler에 열광해 온 클래식 팬들에게도 마찬가지였다. 20세기 초부터 일찌감치 음악적 전 지구화를 경험했던 한반도 음악가들이 음악적 주체성과 예술적 자유 면에서 어떤 장애를 일으켰는지를 고려해 본다면, 21세기가 직면한 전 지구화와 다문화 상황에 대한 반면교사로 삼을 만하다.

음악이 던져주는 '예언'을 시의적절하게 해석하여 '시대의 예언자'가 되는 것은 쉽지 않다. 하지만 음악에 대한 깊이 있는 이해가 이 사회와 문화 일반에 대한 깊이 있는 이해로 연결되는 것은 매우 당연하며, 사실상 그리 어렵지 않은 과정이다. 무엇보다 음악에 대한 이해와 토론은 음악 감상 가이드의 수준을 훌쩍 뛰어넘어 문화 연구와 인문사회과학 일반의 담론장과 만날 수 있어야 하며 충분히 그럴 수 있다.

동양이든 서양이든 간에, 고대로부터 음악에 대한 인문학적 사유는 음악 이론의 전체 범주에서 가장 큰 비중을 차지해 왔을 뿐만 아니라 유교의 예악禮樂 사상이나 서구 중세 자유학예 체제에서의 위상이 그러했듯이 인문학적 수련을 위한 핵심적 과제로 간주되어 왔다. 음악은 우주론적 세계관에 대한 유비적 탐구 대상(피타고라스의 음악 이론이 그렇듯)이기도 했으며, 정치적 조화에 대한 실천적 구상(공자의 음악론이 그렇듯)이기도 했다. 한자 '성'聖에 귀 이耳 자가 새겨져 있듯이, '귀로 생각하는 것'이 인문학적 수련의 완성으로 여겨졌다.

'음악의 예언자적 성격'에 대한 아탈리적 발상을 고대와 중세의 선조들은 당연시했던 것이다. 하지만 근대 이후 언제부턴가 음악에 대한 인문학적 사유는 다른 어떤 예술에 대한 사유보다 빈약해진 것 같다. 음악은 단순히 취미 생활의 수단이나 문화 소비의 대상이 아니라 인문학적 사유의 대상이다. 요컨대 음악학은 사람들에게 이렇게 말할 수 있어야 한다. "귀를 기울이면, 세상이 보인다."

05 / 말러와 교향곡, 그리고 평론

> 얼마 전 말러의 교향곡들을 한 손에 쥐어보았다. 그것은 꽤나 섬뜩한 경험이다. 12시간의 고뇌의 소리들이 5인치 곱하기 5와 2분의 1인치 사이즈 속에 쥐어짜듯이 녹음되어 핵폭발을 일으키려 하는데, 자칫하면 몇 초 내에 터질 것만 같다. 땅 위의 노래와 죽은 자를 위한 송가가 파편처럼 흩어져 날아갈 때면 나는 건넌방으로 피신하고 싶어진다.

위의 글은 미국 저널리즘 음악 비평계에서 한때 상당한 영향력을 발휘했던 버나드 홀랜드Bernard Holland가 쓴 글의 일부로, 1996년 1월 21일자 『뉴욕 타임스』에 게재된 음악 평론글(제목은 "말러가 임계점에 도달했을 때"이다)의 도입부 문단이다. 여기서 홀랜드는 RCA 음반사가 발매한 말러 교향곡 전집을 거론하고 있는데, 곡 해설이나 연주, 녹음 등에 대한 이야기는 뒷전인 채로 열 장짜리 시디 세트를 자신의 손바닥 위에 올려놓고 바라보는 순간의 감흥만을 길게 서술하고 있다. 이 평문의 내용을 사이사이 문단들을 생략해 가면서 좀 더 소개해 보기로 하자.

12인치 분당 회전속도 78회의 셸락 판으로라면, 이 아홉 개, 또는 열 개, 또는 열한 개(세는 사람 마음이다)의 교향곡들은 상당한 크기의 손수레를 가득 채울 것이다. 엘피판으로도 그것은 선반의 전면을 위엄 있게 점령하고 있을 것이다. 이제 우리는 그 모든 것을 부엌 서랍의 빈 공간에 던져놓을 수 있다. 한때 내 지식의 유서이기도 했던 음반 장식장은 당혹스러운 빈틈을 만들어가고 있다. 멋있는 선인장이나 올려놓아야 할 것 같다.

홀랜드는 시디 열 장에 압축되어 들어간 말러 교향곡의 거대한 음향을 조금은 걱정스러운 시선으로 바라보고 있다. 시디 뭉치를 손바닥 위에 올려놓고는 '핵폭발' 직전의 위기감까지 느끼는 홀랜드의 시선이 우스꽝스럽게 느껴질지도 모른다. 하지만 이것이 홀랜드의 비평적 상상력이 발휘되는 방식이며, 이 비평문의 아이러니가 만들어지는 방식이다. 비평적 상상력을 통해 만들어진 아이러니는 곧바로 비판적 정신과 만난다.

정보 폭발은 우리를 훨씬 많이 알게 해준다기보다는 훨씬 적게 알게 해준다. 지식이 많아질수록 현명해지는 길은 줄어들지도 모른다.

작은 공간에서 뿜어나오는 거대한 음향은 물론 훌륭해질 수 있고 현명해질 수 있는 기회로 가득 찬 하나의 경이로운 발전이다. 이 새로운 발명품을 소중히 여겨야지 그들로부터 등을 돌려서는 아니 될 것이다. 그러나 그들의 설명하는 능력은 왜곡하는 능력과 쌍을 이룬다. 필생의 음악정신이 손바닥 크기의 플라스틱 조각으로 환원되는 것보다 더 비현실적이고 그로테스크하게 도취적인 것이 과연 무엇이란 말인가?

결국 홀랜드는 다음과 같은 다소 희화화된 문장으로 글을 맺고 있다.

> 끝으로 조그만 공간에 들어가 있는 말러가 위험하다고 생각하지 않는 사람이라면 내가 아는 어떤 사람에게 문의해 보길 바란다. 그녀는 조지아 주 출신인데, 결혼 생활 동안 매일 저녁 자신의 남편이 집에 왔다 하면 작은 골방에 들어가 문을 잠그고 말러의 교향곡을 듣고 나서는 손도끼를 들고 그녀를 쫓아다녔다고 한다. 인구의 밀집은 사회적 불안을 양산한다. 마찬가지로 정신의 과잉은 곧바로 신체 상해를 유발한다.

석사 논문(말러의 교향곡에 대한 것이었다)을 쓰던 옛 시절에 읽은 음악 평론 한 꼭지를 조금 자세히 소개해 보았다. 홀랜드의 평문이 음악 평론의 이상적인 형식을 보여 주고 있다고 생각하는 것은 아니다. 다만, 이 글은 한국의 음악 평론이 결여하고 있는 몇 가지 중요한 비평의 미덕을 환기해 준다. 간략하나마 이에 대한 메타비평적 생각을 아래에 적어두려 한다.

내가 최악의 음악 평론으로 여기는 것은 음악가나 음악 작품, 나아가 음반이나 연주에 대해 점수를 매기는(종종 나 역시 불가피하게 가담해 온) 권위주의적 평론이다. 물론 예술적 성과를 저울질하는 일이 평론의 한 가지 요소일 수 있음을 부정하는 것은 아니다. 하지만 오늘날과 같이 세분화되고 분업화된 예술계, 특히 음악계 현실에서 평론이 그런 역할을 제대로 수행해 낼 수 있을지는 미지수다. 예컨대 클래식 콩쿠르나 대중음악 오디션 프로그램의 심사위원은 평론가보다는 연주자나 문화 산업계의 실천적 종사자들이 맡는 추세다. 그들이 예술 작업에 대한 '평가'라는 실용적 목적에는 사실상 더 잘 부합하기 때문이다.

예술 평론가의 할 일이 단순히 예술을 '평가'하는 데에 있지 않다면,

평론가는 과연 무엇을 '평'하여 '논'할 수 있을까? 음악 평론은 다른 예술 분야의 비평보다 더 작품이나 연주에 대한 '평가'로만 그 역할이 제한적으로 인식되어 온 측면이 있는데, 앞서 예로 든 홀랜드의 평론글이 그에 대한 한 가지 다른 모델을 제시할 수 있을 것이다. 홀랜드의 평문은 작곡가와 작품, 나아가 연주가나 연주 그 어느 것도 '평가'하지 않고 있다. 그렇다고 음악가를 둘러싼 시시콜콜한 개인사적 정보를 들추어내고 있는 것도 아니다. 대신 그는 자유롭게 비평적 상상력을 펼쳐내면서 음악가들이 처한, 그리고 자신과 독자들이 처한 음악적 현실 한 가지를 날카롭게 그려내고 있다.

말러의 교향곡이 작곡되기 시작하던 19세기 말의 상황과 그로부터 1세기가 지난 20세기 말의 상황이 글 속에서 흥미롭게 교차된다. 말러는 '교향곡'symphony이라는 서구 근대음악 양식의 실험이 일정한 한계에 이르렀던 후기 낭만파 시대의 작곡가다. 18세기에 생겨나 19세기를 거쳐 걷잡을 수 없이 몸집을 키운 교향곡 양식은 20세기 들어 공룡처럼 멸종할 운명이었고, 말러는 거기서 탈출구를 찾기보다 오히려 '천인千人 교향곡'과 같은 망상적 대규모 작품을 써서 그 묵시록적인 상황에 신경증적으로 대응했다.

실제로 음악사의 20세기는 교향곡의 새로운 발전을 더 이상 용납하지 않았다. 20세기는 대중매체 시대이자 음반의 시대였고, 교향곡이라는 음악사적 공룡을 테마파크에 가두어 박제화한 것 역시 대중매체와 소비자본주의였다. 아이러니한 것은 대중매체의 발전, 특히 음향기술의 발전은 스스로 몸집을 키우는 방향보다는 오히려 더 많은 정보를 더 작은 물질 속에 담으려는, 말하자면 축소지향의 움직임을 보여왔다는 점이다. 결국 20세기 말에 이르러 디지털 정보로 축소된 말러의 음악들, 그의 교향곡 전집 시디 세트를 한 손에 올려놓고 보는 감흥은 또 다른 의미에서 묵시록적일 수밖에 없다. 홀랜드는 이렇듯 음악과 관련한 기술과 문명의 세기말적 상황을 '평'하여 '논'하는 것이다.

1996년이라는 시간적 조건상 홀랜드가 온전히 예감하지 못한 듯하지만, 21세기 이후 '시디'라는 최후의 물질조차 사라지게 되었다. 이제 말러의 전체 교향곡을 시디 세트 정도가 아니라 손가락 크기만한 엠피스리 플레이어에 모조리 저장할 수도 있다. 말러의 음악이 유령처럼 디지털 가상 세계를 떠다니게 되었다고 말하는 편이 더 정확할지도 모르겠다. 어쨌거나 말러의 음악은 홀랜드가 상상했던 음향기술의 '임계점'을 지나온 셈인데, 이러한 21세기에 말러를 듣는다는 미적 체험이 19세기나 20세기의 체험과도 동일할 수는 없을 것이다.

다소 샛길로 빠진 논의를 바로잡아 평론에 대한 이야기를 매듭짓기로 하자. 음악 평론가는 음악가와 연주를 '평가'하기보다는 음악을 둘러싼 심미적 체험의 조건과 그에 따라 변화하는 음악적 의미를 민감하게 포착하고 설명할 수 있어야 한다. 무엇보다 음악가와 청중 모두가 공유하는 물질적 현실의 토대를 음악사적 맥락에서 정확히 읽어내는 데에 음악 평론가의 일차적 소명이 있다고 생각한다. 생전에 말러는 "교향곡이란 하나의 세계를 이룩하기 위해서 동원할 수 있는 모든 기술적인 수단을 사용한다는 것을 의미한다"라고 말했다. 교향곡은, 나아가 음악은 하나의 세계라는 뜻이다. 같은 맥락에서 음악 평론도 모든 기술적 수단을 통해 구축되는 '담론적 세계'이어야 한다.

06/ 뮤지컬 무대에서 이루어진 흑백 인종 간 화해

한국에서 뮤지컬의 대중적 인기는 적지 않지만 뮤지컬을 진지한 예술 텍스트로 바라보는 시각은 부족해 보인다. 제도화된 고급 예술계에서는 뮤지컬을 알맹이 없는 미국식 오락 문화로 무시하기 일쑤이며, 반대로 대중예술계에서는 비싼 티켓값에 화려한 무대가 있는 고급 문화의 변종으로 치부하곤 한다. 뮤지컬이 과연 사치스러운 오락 상품이기만 할까?

미국 브로드웨이 역사상 완성된 대본과 음악을 갖춘 현대적 의미의 북 뮤지컬로서 '최초의 뮤지컬'로 간주되는 「쇼 보트」(Show Boat, 1927년 초연)를 보면 생각이 조금 달라질 것이다. 이 작품은 미국에서 인종 간의 화해를 다룬 최초의 음악극이며, 1936년에 이 작품을 영화화한 뮤지컬 영화 「쇼 보트」는 인종 간의 화해를 다룬 최초의 영화로 평가되기도 한다.

뮤지컬 「쇼 보트」는 19세기 말 미시시피 강을 따라 흘러가다가 강 유역의 여러 도시에 정박해 환상의 무대를 선보이는 유랑 연예선(쇼 보트)을 배경으로 하고 있다. 이 연예선의 프리마 돈나인 줄리는 선장의 딸 매그놀리아와 친자매처럼 끈끈한 사이다. 하지만 줄리를 짝사랑하여 치근덕거리다가 그녀의 남편 스티브에게 모욕을 당한 어느 선원의 보복성 밀고로 줄리와 스티브는 배를 떠나게 된다. 백인인 줄 알았던 줄리가 사실은 흑인(흑백 혼혈)이라는 비밀이 밝혀지는데, 당시에 미국 대부분의 주에서 흑인과 백인 사이의 혼합 결혼이 법으로 금지되었기 때문에 줄리와 스티브는 추방당할 수밖에 없었던 것이다.

갈등이 생기기 전에 행복한 풍경이 펼쳐지는 다음의 뮤지컬 속 장면을 보자. 도박사 래브날과의 우연한 만남에서 난생처음 사랑의 감정을 느낀 매그놀리아가 줄리에게 조언을 구하는 장면이다. 매그놀리아가 묻는다. “언니는 스티브를 왜 사랑해요?” 으레 그렇듯 이런 질문에는 노래로 답할 수밖에 없다. “물고기가 바다를 헤엄치고, 새가 하늘을 날듯, 나도 죽을 때까지 한 사람을 사랑하지. 그냥 그럴 수밖에.”

블루스 양식으로 불러지는 이 노래는 극중에서 흑인들 사이에 전승되던 민요로 설정된다. 그래서 줄리의 노래를 듣던 흑인 요리사 퀴니는 백인인 줄리가 이 노래를 아는 것이 신기하다. “이 노래를 어떻게 아느냐?”라고 따지는 퀴니의 물음에 찔끔해 하면서도 줄리가 노래를 마저 부르고 나면, 때마침 들어선 퀴니의 남편 조가 자신이 ‘가장 좋아하는 노래’라면서 즉흥 가사를 담아 퀴니와 함께 노래한다. 이어서 흑인과 백인 가릴 것 없이 등장인물 전체가 함께 춤을 추면서 노래를 부르는데, 여기서 인종 문제를 다루는 이 작품의, 20세기 초라는 이 작품의 초연 시점을 고려했을 때 놀라울 만큼의 진보적 태도를 읽을 수 있다. 이 장면은 20세기 후반 로큰롤 열풍과 함께 음악적으로 실현된 미국의 흑백 인종 간 화해의 순간을 30여 년이나 앞서 보여 준다고도 하겠다.

물론 초기 작품으로서의 한계도 있다. 작품 안에서 줄리나 조와 같은 흑인 등장인물은 부조리한 현실에 저항하지 못한 채 순응하고 체념하며, 매번 백인 주인공들의 행복을 위해 희생될 뿐이다. 예컨대 뮤지컬의 주제곡에 해당하는 「늙은 강」Old Man River은 배를 떠나는 줄리의 모습을 보면서 흑인 조가 스스로 아픈 마음을 달래며 체념 어린 가사로 부르는 노래다.

인권운동가이기도 했던 흑인 바리톤-베이스 가수 폴 로브슨Paul Robeson은 「쇼 보트」 초연에서는 개인 일정이 맞지 않아 조 역할을 맡지 못했지만, 초연 직후부터 줄곧 조 역할을 담당했고, 1936년 「쇼 보트」가 영화화되었을 때도 조 역할을 맡았다. 로브슨은 1960년대 흑인인권운동 당시 자신의 독창 무대에서 「늙은 강」의 수동적 가사를 능동적 가사로 바꿔 부름으로써 흑인들의 저항정신을 불러일으키곤 했다. 그는 "미시시피라고 불리는 늙은이가 있지. 나는 그를 닮고 싶네"라는 원곡의 첫 줄 가사를 "…… 나는 그를 닮고 싶지 않네"로 바꿔 부르며, "나는 지쳤어, 사는 것도 지쳤지만 죽는 것도 두려워"라는 마지막 절정부 가사를 "나는 울지 않고 웃을 거야, 나는 죽을 때까지 싸워야 해"라는 투쟁적 가사로 바꿔 불렀다.

「쇼 보트」는 이렇듯이 여러 맥락에서 지난 한 세기 동안 미국 사회의 인종 정치에 영향을 끼친 영감 어린 텍스트였다. 뮤지컬을 진지한 예술적 텍스트로 간주하는 데 인색한 한국의 문화 예술계에서, 그리고 어느덧 미국과 같은 다인종과 다문화 사회로 접어든 한국의 현실에서 되새겨보아야 할 뮤지컬 작품이다.

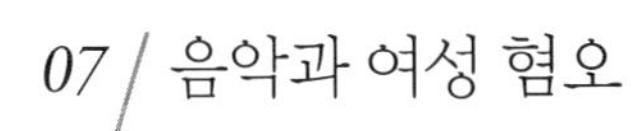

07 / 음악과 여성 혐오

'모자열람실'의 추억

직장에 나가는 아내를 대신해 낮 시간 동안 딸아이의 육아를 도맡다시피 했던 시절이 있었다. 아이 손을 잡고 집에서 가까운 시립도서관에 자주 들렀는데, 1층에 '모자母子 열람실'이라는 곳이 있었다. 거기에 '엄마와 아들'이 아닌 '아빠와 딸'이 들어간다고 해서 누가 말리지는 않았지만 매번 거슬렸다. "그러니까 도서관은 엄마라는 양육자가 아들이라는 미래의 인재를 키우는 곳이라는 뜻이렸다!" 내 손을 잡은 어린 딸이야 눈치채지 못했겠지만 나는 혼자서 투덜거리며 실제로 아빠들보다 엄마들이 훨씬 많은(물론 딸들도 많아서 인구학적으로는 '모녀열람실'이 가장 정확한 명칭이었을 듯하다) 그곳으로 내키지 않는 발걸음을 옮기곤 했다.

남성도 사회적 약자의 처지가 되면 사회적 성역할의 구분이 억압적이라는 것을 느끼기 마련이다. 그런데 여기서 삐끗하면 이상한 방향으로 생각이 미칠 수 있다. "왜 '부'녀열람실이나 '부'자열람실이 아니고 '모'자열람실이냐고?" 이 억울함의 토로는 뭔가 이상하지 않은가? 점입가경 '모자열람실'은 도서관에서 아빠들을 몰아내기 위한 엄마들의 담합과 모략에 의한 것이라고 비난한다면, 그 피해망상은 거의 정신병 수준이라 하겠다.

권력자는 사실상 보이지 않는 곳에 있으며, 이름 불려지는 자가 아니라 부르는 자에게 권력이 있는 법이다. 요컨대 '모자열람실'의 '모'母는 권력자가 아니기 때문에, 주체가 아니라 객체이기 때문에 거기 호명되어 있는 것이다. 마을 도서관에서의 사소한 기억을 다소 장황하게 새기는 이유는 최근 이슈가 된 여성 혐오 현상을 비유적으로 연결해 볼 수 있을 것 같아서다. 예컨대 '김치녀'에 대한 남성들의 혐오는 도서관의 '모자열람실'에 들어가 왜 여기가 '부자열람실'이 아니냐면서 그곳에 있는 애꿎은 엄마들에게 행패를 부리는 어느 비루한 아빠의 모습으로 비유할 만하다. 이 아빠의 분노는 말할 수 없이 비합리적이지만, 성해방의 관점에서 일말의 긍정적 계기가 없는 것도 아니다. 그의 분노는 어쨌거나 '양성 평등'을 요구하는 것이기 때문이다.

백인과 유색인

'서양인'을 인종적으로 가리키는 '백인'白人이라는 말이 있다. 그런데 여기서 '백'白, white이라는 말이 과연 그들의 피부색을 가리키는 수식어일까? 사실상 하얀 피부로만 말하자면 동아시아인들도 서양인 못지않다. 서양인들의 외모상의 특징은 피부색보다는 눈이 들어가거나 콧대가 우뚝 서 있는 등의 안면골상의 차이에서 더 크게 드러난다. 서양인의 피부는 오히려 울긋불긋하기도 하고, 이탈리아나 에스파냐 사람들의 경우 갈색으로 그을린 피부도 많다.

요컨대 '백인'이라는 말은 인종 정치racial politics의 맥락에서만 온전한

의미를 갖는다. 그것은 '하얀 피부의 사람'이라기보다는 '무색無色의 사람', 곧 아무 색도 없는 사람이다. '무색인'으로서의 '백인'은 누군가로부터 색이 칠해지는 사람이 아니라 스스로 색을 칠하는 사람, 인종주의적 착색 행위의 주체를 가리킨다. 결국 백인에 의해 색칠된 사람들이 '유색인'colored people이다. 따라서 한국인은 아무리 하얀 피부를 가졌더라도 노란색의 '유색인'으로 분류된다. 인종차별은 근본적으로 '백인'들에 의해서만 자행될 수 있는 것이다. 왜냐하면 인종에 관한 한 '무색'의 그들만이 '차별'에 대한 권력을 가진 주체이기 때문이다.

'서양과 그 나머지'the West and the Rest라는 제국주의적 권력 구도가 '백인과 유색인'이라는 인종적 이분법에서도 똑같이 작동하는 셈인데, 이러한 이분법적 구도는 또다시 '남성과 여성'이라는 젠더 정치의 맥락으로 옮겨진다. 여기서 차별의 전 지구적 위계가 형성되는데, 최상위층에 '서양-백인-남성'이 놓이며, 최하위층에 '비서양-유색인-남성'과 '비서양-유색인-여성'이 놓인다. 그 최하위층에서 '한국 남성'이 '한국 여성'을 차별하는 모습은 사실 좀 보기 딱하다. 한국 남성들은 전 지구적 관점에서 자신의 타자성을 자각하고 한국 여성들과의 연대를 모색할 필요가 있지 않을까?

대중음악과 여성 혐오

대중음악은 애초에 서양음악의 타자로서 여성적 이미지를 가지고 있었다. 대중음악에서 남성 우월주의가 본격적으로 표현된 것은 블루스를 백인 음악으로 전유한 록음악이 대중음악의 수용층을 크게 넓히고 이후 미학적 정당성까지 얻게 되면서부터였다. 그것은 주류의 부르주아 남성 권력이 비주류의 하위 문화에까지 스며들게 된, 비교적 최근의 현상이라 할 수 있다. 따라서 20세기 말에 양식화된 힙합 음악 장르에서 일부 욕설이나 '디스' 문화가 있다는 이유로 흑인 음악이나 대중음악의 본질적 요소 가운데 '여성 혐오'가 있다고 간주하는 것은 오해라고 할 수 있다.

라틴 댄스음악을 비롯해 전통 민속춤에 기반한 댄스음악의 경우, 특히 춤 연행performance의 맥락에서 관습적으로 젠더 구분이 명확하고 남성의 주도가 분명하여 남성우월주의가 내재되어 있다고 할 수 있지만, 대신 여성에 대한 남성의 세심한 배려가 전제되어 있어 그러한 남성우월주의가 여성 혐오로까지 연결될 수 있는 계기를 찾기란 어렵다. 요컨대 대중음악은 본질상 타자들 사이의 교감과 연대를 표상하는 음악으로 '약자 혐오'와는 어울리지 않는 음악이다.

최근 한국의 케이블 TV 오디션 프로그램 「쇼미더머니4」에서도 일부 참가자의 여성 혐오 표현으로 물의를 빚었지만, 그 역시 대중음악의 본질과 관련되기보다는 오히려 서양 낭만주의 오페라 극장과 맥이 닿아 있는 지극히 자본주의적인 현상일 뿐이다. 자유시장의 치열한 경쟁 속에서 상품성을 높이기 위한 자극(특히 성적 자극)에 몰두하는 남성 음악가가 선택할 수 있는 궁극의 해답은 무엇일까? 적어도 그 해답 가운데 하나는 무의식적이나마 '요부 살해'의 유서 깊은 낭만주의적 전통을 따르는 일이 될 것이다.

연전에 발라드 가수 '브로'가 발표한 「그런 남자」라는 노래가 여성 혐오적 가사로 논란이 되었다. 하지만 그 노래의 인기 요인은 남성의 입장에서 느끼는 '통쾌함'에 있다기보다는 무의미를 향해 돌진하는 애처로운 감정 표현의 과장된 상투성과 그로부터 유발되는 해학과 웃음 코드에 있었으리라 생각한다. 애절한 발라드 선율과 창법으로 이른바 '김치녀'를 질타하는 모습은 같은 남자 입장에서 통쾌하기는커녕 눈물이 날 지경이다. 상품화된 연애시장에서 인정받지 못하는 남성의 비애감 같은 것이 표현된 그 노랫말은 '여성 혐오'라기보다는 오히려 '자학 개그'에 가까웠다. 그것은 또한 무한 경쟁의 인정받기 힘든 음악 시장에서 튀어보기 위해 안간힘을 쓰는 한 뮤지션의 처절한 자기 고백처럼 들리기도 했다.

초콜릿 복근의 역설

세상과 문화는 물론 변하며, 젠더 정치의 국면도 변곡점을 만들고 있다. 그 변곡점들 가운데 하나를 실감한 것은 남자들의 '초콜릿 복근'이 여성들에 의해 회자되기 시작하던 즈음에 텔레비전의 한 예능 프로그램에서 이른바 '훈남' 청년들이 여성 출연자들 앞에서 쑥스러운 듯 왕王자가 새겨진 자신의 배꼽을 열어 보여 주고 그걸 보는 여성들이 즐거워하는 모습을 목격하면서부터다.

그러한 시대의 흐름에 역행하여 나잇살과 함께 내 배는 차오르기 시작했고 거리를 거닐면서 타인의 시선과 살찐 내 모습을 의식하기 시작했다. 그때서야 비로소 나는 '시선의 권력'을 느꼈다. 여성들이 지난 수세기 동안 시달려 왔던 그 권력, 남성이었기에 의식하지 않아도 되었던 그 권력을 말이다. 중요한 점은 그 권력이 여전히 여성의 권력이 아니라 부르주아 남성 권력이라는 점이다. 요컨대 헬스클럽에서 비지땀을 흘리는 남성들이 자신의 '초콜릿 복근'을 내보이며 자기 증명을 해야만 하는 궁극의 대상은 여성이 아니다. 무한 경쟁의 자본주의 사회에서 근면 성실 철저한 '자기 관리 능력'과 함께 여성을 향한 상품성까지 겸비하고 있음을 어필해야 하는 그 대상은 여전히 여성이 아닌 것이다.

승자독식의 신자유주의 사회에서는 여성뿐만 아니라 남성의 다수까지 타자화된다. 이른바 '김치녀'에 대한 비난 등 여성 혐오 현상의 배경에 무한 경쟁 사회, '남성도 약자가 되어가는 현실'이 있다는 어느 텔레비전 시사 프로그램의 진단은 그 자체로는 옳았다. 다만 프로그램 제작진은 (앞서의 비유를 다시 들자면) '모자열람실'에서 행패를 부리는 '아빠들'의 비합리성을 지적하기보다 그들을 이해하고 격려해야 한다는 식의 반응을 보인 셈이다. 반복컨대, 남성도 사회적 약자의 처지가 되면 사회적 성역할의 구분이 억압적이라는 것을 느끼기 마련이다. 최근 여성 혐오의 언사들은 이 막연한 '느낌'이 성찰의 단계를 거치지 못한 채 그 분노의 표적을 잘못 겨눈 채 내뱉어진 것이라 할 수 있을 듯하다.

그럼에도, '초콜릿 복근'이 여성해방과는 무관하게 '시선의 권력'에 대한 총체적 이해의 계기를 내게 만들어주었듯이, 여성 혐오의 표현과 음악 또한 젠더 정치와는 무관하게 이 사회의 약자들과 타자들에 대한 총체적 인식의 계기를 만들어주기를 바란다. 내가 남성이라서 너무 희망적으로 보는 걸까? 아니, 내가 사는 21세기의 사회가 그래도 오페라 무대에서 여주인공들이 비명에 죽어가던 19세기 가부장적 부르주아 사회보다는 조금이라도 나아졌다고 믿고 싶어서다.

08 / 오디션을 넘어 플랫폼으로

음악 시장의 '미생'

자본주의 시장의 불확실성이 비단 음악 시장에만 해당되는 것은 아닐 것이다. 또한 음반 시장의 몰락 이후 호흡이 부쩍 가팔라진 음악 시장의 생리상 주류 음악인들이 발표하는 음악의 상업적 성공 여부 또는 성공의 지속 가능성조차 불투명해진 게 사실이다. 바로 이 지점, 누구도 성공을 보장할 수 없는 불투명한 음악 시장이 오디션 프로그램의 이데올로기를 구축하는 현실적 토대가 된다. 인정 욕구에 기반한 상징적 기대든 현실의 부와 명예를 향한 물질적 기대든 간에, 아마추어 뮤지션에게 오디션 프로그램은 대중음악가로서의 '성공'을 위한 거의 유일하고 확실한 수단과 발판으로 간주된다. 이때 '성공'의 내용은 사실상 문제 삼아지지 않는다는 점에서 그것은 문제적이다.

오디션 프로그램을 대비하는 아마추어 뮤지션의 심정은 대기업 취업 준비생의 심정과 닮아 있다. 실력과 스펙, 면접과 미션, 지시와 순응이 요구되거나 수반되는 혹독한 통과의례 과정을 무사히 넘어서는 것,

그다음 일에 대해서는 사실상 생각할 겨를이 없다. 물론 이러한 비유는 지나친 면이 있다. 오디션 프로그램의 경우 그 통과의례 과정 자체에서 참가자들이 기업의 이윤을 위해 동원되고 착취되며(광고 출연이나 음원 판매), '정규직' 선발은 애초에 전제되지도 않기 때문이다. 그래서 오디션 프로그램의 도전자들은 1차 예선 탈락자에서 최종 우승자에 이르기까지 모두 '미생'이다.

오디션 프로그램의 유행은 음반에서 디지털 음원으로의 매체 변화를 배경으로 하는 음악 시장의 신자유주의적 재편과 관련이 있는 한편, 그와 무관하지만은 않은 대중음악의 제도화와도 연관이 있다. 한국의 대학에서 보통 '실용음악과'라고 불리는 대중음악 관련 학과의 인기는 지난 10여 년 사이에 괄목할 만한 수준으로 커졌다. 그 결과 이제 대중음악인도 자연스레 전공자와 비전공자로 나뉜다. 오디션 프로그램은 말하자면, '음악 전공자'라는 라이선스를 획득하는 유사 입시의 상징적 관문이기도 한 것이다. 대중음악이 이렇듯 제도화된다는 것은 '대중음악'의 개념적 맥락상 자기부정적이다.

대중음악의 종언

최근에 발간된 번역서 『레트로 마니아』*Retromania*의 저자 사이먼 레이놀즈Simon Reynolds가 진단하듯이, 20세기적 의미의 대중음악(번역서에서의 정확한 워딩은 '팝음악')은 지금 종언을 고하고 있다. '종언'이라는 묵시록적 표현이 거북하지만 다음 시기에 출현할 새로운 국면을 전망하는 의미에서라면 써볼 만하다. 우리에게는 클래식 음악이라는 좋은 선례가 있다. 20세기 초 이미 18~19세기적 의미의 클래식 음악은 종언을 고했다. 그 조짐은 다음과 같은 일련의 연관 과정으로 나타났다. 과

거의 음악에 대한 집착, 위대한 작곡가와 정전正典에 대한 경배, 전문가와 비전문가의 제도적 구분, 경쟁(콩쿠르)을 통한 연주자의 희소가치 창출 등이다. 지금 대중음악이 고스란히 재현하고 있는 일들이다.

20세기 초부터 음반이라는 매체에 힘입어 클래식 음악에서 과거의 음악이 현재로 소환되었다면, 21세기 디지털 매체 환경을 배경으로 대중음악에서 같은 일이 벌어지고 있다. 20세기 초부터 시작된 클래식 콩쿠르에서 과거의 모든 음악을 현재라는 평면 위에 뒤섞어 다루어왔듯이, 21세기의 오디션 프로그램에서 이제 대중음악이 그렇게 되고 있다. 클래식 음악에 이어 대중음악에서도 '음악사'는 '현재'라는 블랙홀 속으로 빨려들어 사라지고 있다.

음악사의 이러한 순환적 과정을 지나치게 비관적으로 바라볼 필요는 없다. 다만, 현 시점에서 클래식 콩쿠르와 대중음악 오디션 프로그램의 기시既視체험적 상동성이 밝혀주는 한 가지 사실은 주목할 필요가 있다. 콩쿠르 우승자와 오디션 우승자가 구사하는 세련된 음악이란 기실 청중의 높아진 미감이 요구하는 것이 아니라는 점, 매체 변화와 음악 경제적 한계 상황에 대응하여 불평등한 자격 배분을 통해 이윤의 극대화를 추구하고자 하는 제도화된 기술과 자본이 요구하는 것이라는 점이다.

미생에서 완생으로

요컨대 오디션 프로그램은 디지털 기술혁명의 혼란기에 자리 잡은 과도기적 이벤트다. 그것은 음원 판매라는 새로운 이윤추구 형식의 가능성을 독점적 방식으로 극대화하면서 기존 음악 시장의 해체를 필사적으로 지연시키고자 하는 문화 산업적 시도이기도 하다. '포스트 음반 시대'를 향한 이 과도기적 상황은 주류와 비주류를 막론하고 음악가의 생존을 위협하고 그들을 그 어느 때보다 주류 음악 시장에 순응하도록 만들고 있지만, 기술의 발전은 언제나 양면적이다. 기술은 근대적 개인으로부터 소외되어 타자화된 세계를 구성하지만 그 타자화된 세계의 횡포에 맞설 수 있는 힘 또한 그러한 기술의 습득에서 나오기 때문이다.

세련된 음악적 기술을 갖춘 많고 많은 오디션 프로그램 참가자들의 존재 자체가 증명하듯이, 전면화된 디지털 환경은 그 어느 때보다도 음악적 개인으로 하여금 음악적 기술을 쉽게 익힐 수 있게 해주고 있다. 나아가 홈레코딩 기술이 비약적으로 발전하고 인터넷 기반의 음악 플랫폼이 다각화되면서 자신의 음악을 통해 세계와 소통할 수 있는 음악가들의 기회는 크게 늘어나고 있다.

시인이자 사회학자인 심보선은 자신의 비평서 『그을린 예술』에서 스스로 '작업장 공동체'라 일컬은 아마추어 예술가들의 심미적 연대를 제안하면서 다음과 같은 지침을 전한다. "뉴미디어라는 신기술을 교환가치의 실현에 복무시키지 말 것. 그것을 '사용'하여 작가와 독자가 함께 하는 저자-기능의 새로운 공간을 창안할 것. 그것으로 기존의 취향 질서와 나아가 사회질서 내부에 새로운 공동체의 가능성을 기입할 것."

드라마 「미생」의 주인공들이 스스로 회사를 차려 '미생'未生에서 '완생'完生이 되고자 새로이 선택했던 방식, 혹은 음악영화 「비긴 어게인」에서 그려진바 홈레코딩을 통한 '작업장 공동체'가 기업형 음반사의 제안을 거부하고 새로운 플랫폼을 찾았던 방식이 그저 드라마나 영화 속 낭만적 환상이나 꿈만은 아니다. 적어도 음악에서 그것은 점점 현실이 되어가고 있다. 음악가들은 이제 오디션의 수동적 기회를 넘어서 그들의 다양한 욕구와 소통을 실현할 수 있는 '작업장 공동체'의 플랫폼을 능동적으로 모색해야 한다. 예술과 음악에서 진정으로 '성공'을 논할 수 있는 것은 그러한 심미적 공동체와 민주주의의 실현을 통해서만이 아닐까.

09 / 아시아와 문화, 그리고 정치

'국립아시아문화전당'이라는 공간

문화·예술을 위한 새로운 상징적 건물이 생긴다는 것은 문화·예술에 대한 새로운 관념이 생기는 것을 의미한다. 피에르 부르디외Pierre Bourdieu 식으로 말하자면, 그 건물을 중심으로 새로운 제도와 장場이 형성되는 동시에 새로운 '사회적 취향'으로서의 아비투스habitus가 구성된다. 1978년 서울 광화문에 '세종문화회관'이 개관했을 때 그랬고, 10년 후 서울 서초동에 '예술의 전당'이 '음악당'부터 차례로 개관했을 때도 그랬다. 그것은 대중적 차원에서 현대성modernity이 실천되는, 위르겐 하버마스Jürgen Habermas가 말한 '문예 공론장'이기도 하다.

2015년 11월에 공식 개관한 '국립아시아문화전당'Asia Culture Center: ACC이라는 건물은 어떨까? 준비 기간을 포함하여 10여 년 동안 총 7,162억 원의 공사비를 투입한 이 건물은 '국립'이라는 점, '아시아 문화'라는 시대적 요구와 관련된 새로운 가치를 걸고 있다는 점에서 객관적 무게를 가지고 있다. 다만, 이 건물은 서울이나 수도권이 아니라

'광주광역시'라는 대한민국 서남부 지역에 건립되었다는 장소적 특수성이 있다. 한국의 문화예술계는, 더 좁게 한국의 음악계는 이 건물에서 어떤 현대성을 기대하고 있을까? 한국의 음악계는 서울과 수도권이 아닌 '광주'라는 지역을, 나아가 서유럽이나 미국이 아닌 '아시아'라는 지역을, 따라서 이전과는 다른 현대성alternative modernity을 사유하거나 상상하고 있는가?

지역에서 20년 이상 격년 개최해 온 '광주 비엔날레'의 노하우와 인프라가 전제된 탓이 있겠지만, ACC는 미술계의 네트워크가 주도하는 인상이 짙다. 그것을 미술계의 기득권 때문이라고 간단하게 치부할 수 있을까? ACC는 '아시아'와 '문화'를 전면에 내세우고 있다. 그것은 각각 '지역성'에 대한 사유와 '예술들 사이(혹은 예술과 삶 사이)의 융합'을 요청하고 있다. 이러한 요청에 부합하는 음악 이벤트를 ACC 개관 시리즈 공연 프로그램에서 찾기 어려웠다는 사실은 '지역성'과 '문화'라는 키워드를 익숙하게 다루지 못하는 제도권 음악계의 현실과도 관련이 있어 보인다. ACC가 개관 첫 시즌 프로그램에서 '아시아'와 '문화'라는 키워드에 그나마 부합하는 음악적 이벤트의 주인공으로 장영규라는 제도권 밖의 인물을 선택한 것도 적어도 부분적으로는 그런 이유 때문일 것이다.

'사라져가는 목소리들' 혹은 사연 없는 목소리들

다시 질문을 던져보자. 한국의 음악가는 '지역성'을 어떻게 사유해야 할까? 이 사유의 일차적 귀결이 '언어'가 되는 것은 자연스럽다. 장-자크 루소나 요한 고트프리트 헤르더Johann Gottfried Herder와 같은 계몽주의 사상가들이 한목소리로 주장한 것처럼 음악은 원초적 언어의 일종이며, 지역적 언어는 사투리 음조를 통해 음악적으로 표상된다. 따라서 하나의 지역 언어, 곧 사투리가 소멸한다는 것은 지역의 토착 음악이 사라지는 것과 비슷한 인류학적 의미를 가진다. 그런데 지역 언어가 소멸하는 이유는 물론 표준화와 동일화를 추동하는 '중심의 언어'에 정도 이상의 권력이 실리기 때문이며, 따라서 이는 '전통-근대/낡은 것-새 것/주변-중심'의 이항 대립을 전제로 한 현대성(근대성)의 문제 설정으로 연결될 수밖에 없다.

> 언어의 단일화를 맞이하여 각국 고유의 언어는 석 달마다 하나꼴로 사라지고 있다. 언어는 정보와 지식의 매개체이기 이전에, 한 사람의 생각과 사회를 구성하는 가장 기본적인 틀이다. 소멸과 변화는 아슬아슬한 경계를 오간다. 전통은 동시대의 동력에 의해 끊임없이 재탄생될 때 그 명맥을 유지할 수 있다.
>
> —장영규, 「사라져가는 목소리들」, 공연 리플릿.
> 2016년 5월 14~15일, 국립아시아문화전당 예술극장1

2016년 5월 14~15일 이틀 동안, ACC 내 '예술극장1'에서 열린 「사라져가는 목소리들」The Vanishing Voices이라는 제목의 공연에서 작곡가 겸 '책임 큐레이터'인 장영규는 한국에서 소멸되어 가는 지역 언어인 제주도 방언에 주목했다. 이 공연에서 그는 일본, 필리핀, 우즈베키스탄, 레바논에서 활동하는 아시아 음악가들을 참여시켜 '사라져가는 목소리들'의 디지털화를 통한 통아시아적trans-asian 재현을 시도했다. 공연의 기본 아이디어는 제주도 방언을 녹음한 재료를 참여 음악가들이 공유한 뒤 각자의 디지털화 작업과 연주를 통해 공연장 내 병풍으로 구획된 공간에서 즉흥적으로 관객에게 들려주는 것이었다.

관객은 자유롭게 극장 내부를 거닐고 개인용 방석을 깔고 앉아 있기도 하면서 병풍을 넘어 섞이는 소리에 대한 청각적 경험을 하게 된다. 이 공연의 가장 큰 장점은 이렇듯 청중 내지는 관객의 청각적 경험을 새롭게 구성해 내는 수행적performative 성격에 있다. 여기서 디지털 신호로 재구성된 '제주도 방언'은 일본어의 악센트와 섞이기도 하고 어린이 합창단(광주 소재 초등학교 학생들로 구성된)의 집단 낭창과 혼융되기도 한다.

그것은 경계 없는 소리의 물질적 결합을 통해 근대적 경계 설정을 넘어서는 탈근대적 힘을 표상하고자 하는 시도라고 할 수 있다. 이러한 수행적 시도와 상상력은 ACC의 '예술극장1'이 가변형可變形 극장이라는 점에서 비롯된 면이 크다. 이 극장은 객석과 무대를 예술가의 의도대로 자유롭게 설치·구성할 수 있으며, 이날의 공연에서처럼 아예 없앨 수도 있다. 근대적 음악 공연장이 설정하는 경계 사이를 자유롭게 횡단한다는 이날 공연의 아이디어는 공연장과 생활공간 사이의 경계를 허무는 데에서 클라이맥스를 이루었다.

공연이 끝나갈 무렵 공연장 출입구 반대편의 넓은 벽면 전체가 서서히 열리면서 공연장 바깥의 빛이 공연장 내로 들어왔고 공연장 안팎의 소리들도 뒤섞였다. 관객은 그 거대한 통로를 통해 퇴장하도록 안내되었는데, 공연의 시작부터 끝까지 관객은 스스로 움직이면서, 스스로 경계를 횡단하면서 저마다의 음악적 경험을 구성해야 했다. 이 공연의 주체는 관객 자신이었던 셈이다.

다섯 명의 사운드 아티스트가 병풍으로 구획된 부스에서 사운드 콜라주를 연출하는 동안에 극장 중앙부에서는 이어도의 전설을 암시하는 뱃사람들의 마임이 마치 아시아의 각 나라 사이를 유랑하는 배처럼 움직이면서 행위예술 형태로 연출되었다. 장영규는 이어도의 표상에 적지 않은 의미부여를 했다. 그는 다음과 같이 말한다. "이어도는 제주도 언어에서만 설명될 수 있는 무엇이다. 어쩌면 이어도의 실체를 그 언어가 들려주는 이야기 안에서 찾을 수도 있을지 모르겠다고 기대해 본다"[공연 팸플릿]. 그는 20세기 후반 제주도 부근 섬을 탐사하여 그간 알려지지 않았던 섬에 '이어도'라는 이름을 새롭게 부여하여 지도에 명시했던 행위가 전설 속 이어도의 '실체'를 오히려 파괴했다고 지적한다. "이어도는 언어(말)를 통해서만 존재하는 것으로, 그 언어를 배제하고서 실체를 재구성한 후에는 전혀 다른 의미의 존재가 되었다"는 것이다.

그런데 '전설 속 이어도'의 실체에 대한 이러한 문제제기는 '사라져가는 것'에 대한 생태론적 상상력을 일깨우지만, 머나 먼 갈라파고스 섬에서 멸종 위기에 처한 거북의 종을 바라보는 시선과 닮아 있다는 생각도 든다. 아니, 어쩌면 그보다도 더 관념적이고 추상적인 상상력이 아닐까? '지역'에 대한 상상력이 생태론적 사유에 포획되는 것은 아티스트의 상상력이 발원하는 위치에서 '지역'까지의 심리적 거리가 한반도에서 갈라파고스 제도 사이의 거리처럼 멀기 때문이라는 의심도 든다.

'문화'와 '융합'의 아이디어가 '지역성'의 문제를 일깨우는 지점은 탈근대성에 있을 것이다. 사유의 원심력, 떠돌고 유목하는 정신을 통해서 중심으로 수렴되는 근대적 권력을 허물 수 있을 것이라는 희망이나 전망이 여기에 전제된다. 하지만 지그문트 바우만Zygmunt Bauman이 『액체근대』*Liquid modernity*에서 지적하듯이, '무거운' 산업화 사회로부터 벗어난 21세기의 '가벼운 근대' 혹은 '유동적 근대'는 탈근대성을 이미 자신의 내부로 전유했다. "근대의 무거운 단계에서, 자본은 자신이 고용한 노동자들만큼 견고하게 바닥에 고정되어" 있었지만, "오늘날 자본은 여행가방에 서류케이스, 휴대폰, 노트북만 담고 가볍게 이동한다."「사라져가는 목소리들」에서 '노트북'을 가지고 자유롭게 '목소리'

를 샘플링하는 디지털 음악가들의 모습이 바우만이 말하는 '자본'의 모습과 겹쳐 보였다면 지나친 표현일까?

「사라져가는 목소리들」은 '목소리'(제주도 방언)의 디지털 샘플링 작업을 통해 21세기 현재의 '소리풍경(사운드스케이프)'을 재현하는 동시에 '근대화'의 폭력 속에서 '소멸하는 소리'에 대한 관심을 일깨워 보려는 음예술적 시도였다. 그것은 한편으로 전통에 대한 탈민족주의적 관심에서 비롯된 아시아인들의 심미적 연대 가능성을 보여 주지만, 동시에 '목소리'를 자연 대상물처럼 다루는 탈정치적 접근으로서의 한계를 드러내기도 한다. 후자의 지점에서 전통은 오히려 물신화되며 신비화된다.

각각의 병풍 부스 속에서 흘러나오는 소리는 역사적·정치적 맥락 없이 듣는 이에게 전달된다. 그것은 사연事緣이 없는 목소리들이다. 사라져가는 것이 어디 '목소리' 뿐이겠는가. '목소리들'의 디지털 사운드가 파편처럼 휘날리고, 경계를 넘나드는 거침없는 미학적 탈주와 함께 그 '목소리들' 각각의 신체가 자리했던 장소성이 무화되면서 '지역'이라는 공간은 과거(전통)라는 시간의 소용돌이 속으로 해체되고 만다.

들리지 않는 목소리를 위하여

20세기 후반 미술계에서 '팝아트'와 '개념예술'의 시대가 열린 이후, 한국의 미술계에도 스스로 미술이나 예술의 개념을 내파內破하면서 대중과 대면하는 방식 자체를 예술화하는 작업을 하는 이들이 적지 않다. 이 경우 대중과의 만남의 방식 그 자체가 수행적 작품이 되며, 예술가는 스스로 기획자와 연출가가 되고 자신의 작품에 스스로 개념적 의미부여를 할 수 있는 비평가가 된다. 최근 미술전시회에서 시각적 체험만이 아니라 '촉각적' 체험을 중시하면서 연극적 요소와 함께 음악적 요소를 도입하는 시도를 종종 볼 수 있다. 장영규에게 '작곡가' 보다 우선적으로 '큐레이터'라는 호칭을 부여하고 있는 점에서 볼 수 있듯이, 「사라져가는 목소리들」 역시 미술계의 최신 트렌드를 반영한 퍼포먼스라고도 할 수 있다. 하지만 이러한 '사운드 아트' 퍼포먼스의 융합적 시도를 '현대미술'의 일시적 트렌드라고 치부할 수는 없을 것이다. 존 케이지John Cage나 백남준으로까지 거슬러 올라가지는 않더라도 그것은 '현대음악'의 중요한 한 가지 흐름이기도 하기 때문이다.

우여곡절 끝에 인력과 예산이 원래 계획보다 대폭 축소된 채로 개관되었지만, '국립아시아문화전당'이라는 상징적 공간은 근대적 예술의 경계를 넘나드는 새로운 음악적 지평을 상상할 수 있게 해주며, '지역'에 대한 상상력(탈중심적 사유)과 결합된 '소리'의 현대적 창출이라는 과제를 제시하고 있다. 장영규의 「사라져가는 목소리들」은 그 가능성의 일면을 보여 주는 동시에 여러 문제점도 동시에 노출했지만, 문제의 실마리는 의외로 간단한 데에서 찾을 수 있다. ACC가 위치한 장소성을, 그 장소성과 관련된 정치적 맥락을 망각하지 않는 것이다.

1980년 ACC가 있던 바로 그 자리에서 그랬듯이, 지역의 목소리는 사라져가는 것이라기보다는 들리지 않을 뿐이다. 곧 지역의 목소리가 들리는가, 들리지 않는가는 생태론적인 문제라기보다는 정치적인 문제다. 지역성은 근대성(현대성)의 맥락 속에서 처음부터 정치적인 문제설정의 테두리 내에 있다. 더 넓은 '지역'으로서 '아시아'의 음악적 연대를 위해 전제되어야 할 '공통적인 것'은 '이어도의 전설'과 같은 것이기보다는 오키나와沖繩와 제주도, 광주와 타이완을 연결하는 학살의 기억, 학살당한 이들의 '비명소리'와 같은 것일지도 모른다.

과잉의 정치적 관점을 요구하는 것이 아니다. 은유적 차원에서 음재

료의 근대적 구축과 연관된 좀 더 구체적인 역사철학적 상상력을 요구하는 것이다. 이 점에서 ACC가 환기하는 지역성에 대한 사유는 전 지구화의 문화적 배경 속에서 한국음악의 현대성을 새롭게 탐색하는 미학적 도전이 될 수 있다. ACC에서 더 실험적이고, 더 정치적인 현대음악 퍼포먼스를 접할 수 있기를 기대한다.

10 / 서양음악의 지역화와 한국음악의 탈지역화

2016년 개관 1주년을 맞은 광주의 '국립아시아문화전당' 기념 페스티벌에서 미국의 작곡가 마이클 도허티Michael Daugherty의 관현악 작품을 들을 수 있었다. 도허티는 '메트로폴리스 교향곡'과 피아노협주곡 「데우스 엑스 마키나」Deus ex machina와 같은 작품으로 세계적으로 널리 알려진 작곡가로 2011년 그래미 '최우수 현대음악 작곡상'을 수상하기도 했다. 그런데 미국 작곡가의 작품이 '아시아문화전당'에서, 그것도 '아시아를 위한 심포니'라는 제목을 붙인 기획 공연 시리즈의 첫머리를 장식하는 연주회에서 연주된 이유는 무엇이었을까?

도허티가 슈퍼맨이나 엘비스 프레슬리Elvis Presley와 같은 미국 대중문화의 상징과 코드를 잘 활용하여 곧잘 자신의 지역성을 드러내는 작곡가라는 점을 고려했을 듯하다. 광주에서 선보인 그의 작품 또한 자신의 고향인 아이오와의 시골 풍경을 담고 있었다. 아이오와 주 출신의 화가 그랜트 우드Grant Wood가 1930년에 그린 「아메리칸 고딕」이라는 제목의 그림을 모티프 삼아 2013년에 같은 제목으로 발표한 대규모 관현악곡이다. 그림 속 농부 부녀의 초상은 유럽에서 이주한 미국 백인 하층민들의 역사를 보여 주는 듯한데, 도허티는 '쇠스랑'이라는 표제를 달고 있는 마지막 3악장에서 그림 속 농부가 들고 있는 농기구를 음악적으로 그려내기 위해 민속음악 선율을 과감하게 차용한다. 악장의 솔로 바이올린 연주를 론도 주제로 반복시키면서 미국 백인의 음악적 뿌리인 아일랜드 피들 튠fiddle tune을 바탕으로 한 미국의 블루그래스bluegrass 음악의 색채를 확연히 드러내는 것이다.

그랜트 우드, 「아메리칸 고딕」(1930)

도허티의 음악에서 드러나는 이처럼 적잖이 노골적인 지역색은 한편으로 당혹스러운 느낌을 준다. 적어도 20세기 후반 이후 클래식 현대음악계의 주류적 경향은 모더니즘 미학을 중시하면서 지역성을 넘어서는 보편주의와 개인주의적 성향을 짙게 보여 왔기 때문이다. 물론, 도허티의 작품 세계가 지역색으로 일관하는 것도 아니며, 그의 작품 경향이 현대음악계의 최신 흐름을 대표할 수 있는 것도 아니다. 하지만 국립아시아문화전당의 기획자들이 포착하고자 했던 것은 아마도 그의 음악적 지역성이 드러내는 새로운 문화적 징후였으리라 생각한다.

서양음악의 지역화

냉전 시대가 막을 내리면서 본격화한 '전 지구화'가 동시에 '지역화'를 초래하여 '지구 지역화'glocalization라는 신조어를 유통시킨 것은 주지의 사실이다. 지구촌의 자본주의적 일원화는 역설적이지만 지난 세기까지 막강했던 서양의 문화적 구심력을 약화시켰다. 이는 음악적인 면에서 대중음악의 영향력 강화와 비서구 전통음악('월드뮤직')의 득세 속에서 서양음악의 위기 담론('클래식의 죽음') 형성으로 나타났다.

하지만 서양음악 혹은 클래식 음악이 위기에서 벗어날 수 있는 길은 의외로 간단한 데서 찾을 수 있는데, 스스로 짊어지고 있던 '인류를 대표하는 보편적 음악'으로서의 짐을 벗어던지는 것이다. 클래식 음악도 근대 서유럽에서 발생한 국지적 음악이며 여러 다양한 지역의 음악 문화와 접목되면서 끝없이 변형되어 왔음을 인정하는 것, 클래식 음악이 전 세계 음악 문화에서 특권적 위치에 있는 것이 아니라 비서구 세계의 다른 음악과 수평적 관계 속에 있다는 사실을 흔쾌히 받아들이는 것이다.

디지털 기술의 발전에 따른 매체 융합convergence 현상도 전 지구적 음악 문화의 수평적 교류를 유도하고 있다. 음악사의 시공간이 뒤섞이는 디지털 플랫폼에서 클래식 음악(서양음악)과 여타의 음악 사이의 경계는 종종 지워진다. 애초에 '서양음악'이라는 것, '유럽' 내지 서양의 문화가 단일한 성격의 것일 수 없었다. 예컨대, 「아메리칸 고딕」 속에서 쇠스랑을 든 미국의 백인 농부는 과연 '서양 문화'의 대리인일 수 있을까? 민속음악 선율과 모더니즘적 불협화음이 뒤섞인 도허티의 관현악곡은 이 물음에 대한 한 가지 음악적 답변이라 할 수 있을 것이다.

한국음악의 탈지역화

문화적 전 지구화의 경향 속에서 서양음악이 지역화의 경향을 보인다면 한국 전통음악은 오히려 탈脫지역화의 경향을 보이는 듯하다. 전통음악 축제인 '전주 소리축제'나 국립극장의 '여우락 페스티벌'이 사실상 모든 음악 장르에 열려 있다는 사실을 봐도 그렇다. '월드뮤직'과 글로벌 음악 시장의 영향 아래 전통음악의 퓨전화 경향이 본격화한 지도 이미 오래지만, 최근의 시도는 좀 더 과감해져서 '퓨전국악'이라는 명칭조차 쓰기 곤란한 단계, 즉 '탈국악화'라고 할 만한 경향까지 보이고 있다. 2016년 발매되어 화제가 된 두 장의 음반을 이 점에서 거론해 볼 만하다.

첫 번째 음반은 '에스닉 퓨전 밴드'를 표방하는 '두번째 달'의 '판소리 춘향가'다. 이 음반은 판소리 춘향가의 주요 대목에서 뽑은 열네 곡의 노래를 전문 소리꾼의 피처링으로 녹음했다. 반주는 '두번째 달'의 주력 장르인 (뉴에이지풍으로 순화된) 아이리시 민속음악 양식을 바탕으로 하고 있다. 「사랑가」는 왈츠, 「돈타령」은 블루스 양식의 반주에 실린다. 아이리시 리듬에 얹힌 「농부가」는 옛 조선의 농부와 아일랜드의 농부가 함께 논밭에서 일하며 노동요를 부르는 풍경이 연상될 정도다. 판소리 춘향가의 오리지널 선율과 창법이 드러나면서도 반주는 파격적으로 '탈국악적'이라는 점에 이 음반의 묘미가 있다.

특기할 만한 사실은 이 음악 작업이 처음부터 국악계 외부의 음악인들에 의해 시도되었다는 점이다. '두번째 달'의 멤버 가운데 국악 전공자는 포함되어 있지 않다. 한국음악계에서 아이리시풍의 뉴에이지 계열 음악과 '국악'의 관계는 사실상 오래전부터 준비되어 왔다. 2003년 이른바 '퓨전 사극' 열풍을 일으킨 MBC 드라마 「다모」와 한류 열풍의 주역 「대장금」을 전환점으로 사극 배경음악의 현대화 과정에서 5음계에 기초한 민속음악이라는 공통 분모에 기대어 아이리시풍의 뉴에이지 음악이 자주 쓰였기 때문이다. '두번째 달'도 활동 초기부터 드라마 「궁」 OST를 담당했고 최근에도 「구르미 그린 달빛」 OST 작업에 참여했다. 이들이 줄곧 한국 전통음악의 현대화라는 문제를 의식하지 않을 수 없었던 이유일 것이다.

'두번째 달'의 경우가 비非 국악계의 음악이 국악계로 월경越境하는 사례라면, 포스트록 밴드 '잠비나이'는 정반대로 국악계에서 비국악계로 경계를 넘어가는 한 가지 극단적 사례를 보여 준다. 잠비나이의 세 멤버는 한국예술종합학교 전통예술원에서 각각 피리와 해금, 거문고를 전공했고 실제 연주에도 주로 이 악기들을 활용하지만 그들의 사운드는 록음악, 특히 헤비메탈 음악에 가깝다. 잠비나이는 수년 전부터 국제적 무대로 활동 반경을 넓히고 있는데, 그들의 두 번째 음반 「은서」가 올해 국제적인 인디음반 레이블 '벨라유니언'을 통해 발매되어 화제가 되었다. 미니멀리즘을 수용한 실험적 록음악의 양식적 틀을 유지한 채로 한국 전통악기에 고유한 음색과 미분음적 시김새를 장식적으로 활용하는 잠비나이의 음악은 특이하다 못해 종종 기괴하게 들린다. 그것을 '국악'이나 '한국 전통음악'이라 부르기 위해서는 용기가 필요하다.

베르톨트 브레히트Bertolt Brecht의 서사극을 번안한 창작 판소리 「사천가」와 「억척가」로 국내외의 반향을 일으킨 소리꾼 이자람의 다음과 같은 언급에서도 '탈국악화'의 징후가 엿보인다. "저는 굉장한 의무감이 있는 사람이 아닙니다. 판소리가 우리 것이기에, 지켜야 돼서, 하지 않았습니다. 저는 '너바나'Nirvana를 듣고 자란 세대예요. …… 내가 다른 것보다 이걸 좀 더 잘 하니까, 나의 이야기를 판소리로 하고자 하는 것뿐입니다." 이자람의 예술적 시공간에서는 브레히트와 너바나, 그리고 판소리가 자유롭게 만날 수 있는 것으로 여겨진다. 도허티에게서 죄르지 리게티György Ligeti와 프레슬리, 그리고 블루그래스 음악이 공존할 수 있듯이. 요컨대, 이자람에게서 한국이, 도허티에게서 미국 또는 아이오와 주라는 '지역'이 중요한 것은 그곳이 자신들의 조국이어서가 아니라 '나의 이야기'를 할 수 있게 해주는 개인사적 장소이기 때문이다.

국악과 비국악 사이의 경계에서 이루어지는 현상이라는 점에서 탈지역화나 탈국악화는 제도적 국악계만의 문제가 아니라 대중음악과 클래식 음악까지 포함하는 한국의 음악계 일반의 문제라고 할 수 있다. '국악의 탈국악화'라는 역설은 오히려 한국음악 일반이 전통음악을 의식하게 되었음을 뜻하기도 한다. 그것은 기존의 민족주의나 국가주의적 시각("우리 것은 좋은 것이여!")에서 벗어나 한국음악의 지역성을 재탐구하는 과정이다. 나아가 전 지구적 만남global encounter과 경계를 넘는 융합적 사유가 일상화한 상황에서 문화적 정체성을 새롭게 탐구하는 과정이기도 하다. 이 점에서 서양음악의 지역화와 한국음악의 탈지역화는 동전의 양면과도 같다. 여전히 풀어야 할 문화정치적 과제가 남아 있지만 음악적 지역성의 재발견은 서양음악과 한국음악, 나아가 전 세계 음악의 수평적 만남을 위한 중요한 출발점이 될 수 있을 것이다.

11 / '이것은 음악이 아니다?'

마주침과 잠재성, 그리고 혁명에 대하여

만남과 마주침

> 미술가들이 소리를 다루는 전시를 하는데, 전시에 음악적 특성이 있어 음악적 질문을 던져봤다. "이건 음악이 아니에요"라는 대답이 돌아왔다. 만약 어떤 음악가가 콘서트홀에 조각품을 전시하고는 "이건 미술품이 아니다"라며 어떤 질문도 받지 않는다면 어떨까. 안타깝게도 음악가들은 이런 질문을 받을 만한 상황에 처하지 않는다.

『지식의 지평』 제21호에 실려 있는, 손영실과 김진호가 함께 쓴 에세이 「사운드 아트와 20세기의 실험음악」 도입부 글이다. "이건 음악이 아니에요"라는 말은 원래 '순수파' 음악인들이 '대중음악' 등에 대해 종종 하던 말이다. 그 말이 이제 부메랑이 되어 돌아오는 듯하다. 이렇게 된 마당에 '소리'나 '사운드'의 영역은 깨끗이 포기하고 '순수음악'이라는 이름의 최소 영역만이라도 성역화聖域化하여 지키는 편이 음악인들의 합리적 전략이라는 생각도 든다. 최소한 조성진의 마법과 같은 것은 감히 미술인이 건드릴 수는 없을 테니.

오래전 창작 뮤지컬과 관련된 심포지엄에 발표자로 참가했다가 당시 평단의 주목을 받았던 젊은 연출가와 연단에서 공개적으로 대화를 나눌 기회가 있었다. 미국 본토에서와 달리 한국의 뮤지컬계에서는 새로운 작품이 나왔을 때 연출가나 배우에 비해 상대적으로 작곡가가 부각되지 않는다는 문제점을 지적하자, 그녀는 현장에서의 경험을 바탕으로 그 이유를 다음과 같은 식으로 잘라 말했다.

"음악을 전공한 사람들이 대화나 토론에 대체로 미숙한 것 같더군요. 뮤지컬과 같은 공연 예술은 창작과정에서 제작진들 사이의 적극적인 대화와 소통이 필요한데, 여기에 음악가들이 기여하는 부분이 적은 게 사실이에요. 최종 단계에서 작품 창작의 기여도를 공정하게 따져야 하기 때문에 작곡가가 뒤로 처지는 것은 현장에서는 사실상 당연한 일이지요." 그리고 무슨 확신에서 비롯되었는지 다음과 같은 한마디를 대담하게 덧붙였다. "대학의 음악과에서 책을 안 읽는 것 같아요."

그 연출가의 언사는 불특정 다수 음악 전공자들에게 무례를 범하고 있을 뿐만 아니라 성급한 일반화의 오류가 담겨 있기도 하다. 하지만 음악인의 입장에서 곰곰이 새겨볼 필요는 있어 보였다. 대학의 음악 전공학과에서 인문학과 일반교양 지식 탐구를 상대적으로 게을리한 것은 사실이고, 실기 교육의 우선적 필요성을 강조하면서 인문 지식의 결여를 정당화해 온 것도 사실이다. 10년 가까이 오래된 에피소드이니 그 사이에 변화가 있기를 바랄 뿐.

그런데, 음악 전공자들이 책을 몇 권이나 읽었는가, 얼마만큼의 인문 지식을 갖추었느냐가 그 자체로 중요한 것은 아니다. 그보다는 '음악이 아닌'(음악 아닌 것으로 보이는) 영역을 포함한 미지의 세계와 대면하고 낯선 이들, 낯선 언어와 만나 얼마나 적극적으로 대화하고 소통할 수 있는가가 핵심적인 문제가 될 것이다. 사실상 '현대 예술'과 '현대음악'에서 이보다 더 중요한 문제는 없다. '현대성'modernity이란 그 개념상 낯선 것과의 조우, 즉 만남과 마주침의 문제이기 때문이다.

잠재성과 가능성

한국 학계에서 지난 10여 년 이상 가장 주목받아 온 현대철학자 가운데 한 명은 질 들뢰즈Gilles Deleuze일 것이다. 들뢰즈의 철학이 각광받는 중요한 이유 가운데 하나는 그가 만남과 마주침rencontre을 강조했기 때문이다. 그런데 그가 요구하는 마주침의 핵심적인 부분은 (철학자답게도!) 당장은 눈에 보이지 않는 세계와의 마주침이다. 이와 관련하여 그가 앙리 베르그송Henri Bergson의 철학에서 빌려와 쓰는 '잠재성' virtuality 개념이 중요하다. 잠재성은 '현실 속에 있지만 드러나지 않은' 것을 뜻한다. 음악적 현상으로 예를 들면, 기음fundamental tone에 가려진 배음들overtones이 '잠재적' 음들이다. 드러나지(인지되지) 않았을 뿐 현실 속에 엄연히 존재하는 음들이기 때문이다.

우리의 일상 언어에서는 '잠재성'을 '가능성'possibility과 혼용하는 경향이 있는데, 들뢰즈는 양자를 뚜렷하게 구별한다. 가능성은 '드러나지 않은 것'이라는 점에서는 잠재성과 같지만, '현실 속에 있지 않다'는 점에서 잠재성과 구별된다. 예를 들어보자.

A가 음악가로서의 '가능성이 있다'는 것은 무슨 뜻일까? 첫째, A가 현실에서 아직 음악가가 아니라는 뜻이며, 둘째, A가 미래의 어느 시점에 음악가인 '누군가'가 될 수 있을 것이라는 희망의 진술이다. 여기서 '누군가'는 동일성과 유사성의 원리에 따른다. 정명훈이나 조성진이

나 진은숙과 같은 현실 속 롤 모델이 설정되어야 하는 것이다. 따라서 '가능성'은 현실에 있지 않으면서도 현실의 원리에 강하게 묶여 있게 된다.

반면 들뢰즈 식의 개념 구분을 전제할 때, A가 음악가로서의 '잠재성이 있다'는 말은 그가 이미 음악가로서의 역량을 가지고 있다는 뜻이다. 그의 음악적 잠재력은 현실에서 드러나 있지 않지만 이미 현실 안에 있다. 그 잠재성이 어떻게 현재화(현행화, actualize)될지 아직 인지되지 못했을 뿐이다. 따라서 '잠재성'은 현실에 있으면서도 현실의 원리에 따르지 않는다. A의 음악적 잠재성은 제도적 경계를 넘어 미술로, 영화로, 제3의 미규정 예술로 나타날지도 모른다.

'가능성'에 대한 기대가 '잠재성'을 억압한다. 현실에 없는 것이 현실에 있는 것을 억압하는 셈이다. 초조함 속에서 스스로에게 반복적으로 던지게 되는 물음, '내가 음악가로서 성공할 가능성이 있을까?'라는 물음은 생성과 변화를 위한 음악적 잠재성을 사장하고 관습이 돼버린 제도적 틀 속으로 자신을 옴짝달싹 못하게 고정한다.

한국의 제도권 음악계처럼 가능성을 위해 잠재성을 억압하는 곳이 또 있을까? 하루에도 7~8시간씩 피아노 앞에 앉아 테크닉 연습에 몰두하는 학생들, '조성진이 될 가능성'만이 강조되는 현실은 가능성 실현의 도정을 단순하게 만들 뿐만 아니라 그 가능성이 실현된 이후의 상황마저 공허하게 만든다. 용케도 가능성을 실현해 성공적으로(!) 음악가가 되었다 하더라도, 이제부터 무엇을 해야 할까? 잠재성의 세계와의 경쾌한 '마주침'을 경험해 보지 않았다면 이 물음에 대한 궁극적 해답을 찾기란 어려울 것이다.

잠재된 혁명

들뢰즈와 그의 지지자들이 잠재성 개념을 중시하는 것은 사회 변혁에 대한 대안적 관심과 관련이 있는 것으로 보인다. 오늘날 혁명이 일어날 '가능성'이 있을까? 우리는 미래의 어느 시점에 혁명이 영웅적 지도자들의 힘을 통해 완성된 형태로 실현될 거라는 식의 관점을 취한다. 하지만 그런 식의 혁명이 일어날 '가능성'은 사실상 없다. 이것은 허무주의일까? 아니다. 들뢰즈주의자들은 혁명의 가능성 대신에 잠재성을 말한다. 혁명은 미래에 저 너머 피안의 세계로부터 도래하는 것이 아니라 현재 속에 잠재해 있다는 것이다. 그것은 개별 주체들이 자기 신체 내부의 잠재적 역량과 마주치고 스스로 변화할 수 있는가에 달려 있다.

이른바 '촛불 정국'을 통해 한국인들은 '잠재된 혁명'이 현실 속에서 드러나는 한 가지 사례를 눈앞에서 생생하게 경험했다. 한국의 시민들은 가상공간 속 소셜 미디어와 물리적 공간 속 촛불 광장에서 만나고 연대하면서 부패한 절대 권력을 향해 거침없이 '하야!'를 외쳤다. 촛불 광장의 시민들은 사실상 혁명가로서의 잠재적 역량을 발휘하면서 자신의 신체를 변화시키고 있었던 것이다. 이들의 정치적 역량은 미디어의 힘과 긴밀히 연관되어 있다. 스마트폰을 손에 든 광장의 시민들은 새로운 기술을 미학적으로 활용하여 거대한 집단 퍼포먼스를 연출하는 미디어 아티스트들이기도 하다.

현대성과 마찬가지로 혁명 또한 '새로운 세계와의 마주침'을 의미한다. 지금은 혁명의 걸림돌이 된 자본주의는 근대 초기에만 해도 현대성과 혁명, 잠재적 세계와의 마주침을 추동하는 물적 토대가 되어주었다. 최근 한국의 전통음악계(국악계)에서 이와 유사한 마주침이 활발하게 일어나는 것으로 보인다. 국립극장의 시즌 레퍼토리가 보여 주는 과감한 현대성이 대표적이다. 그것은 물론 오랜 기간 국가주의·사회주의적 보호를 받던 전통음악이 본격적으로 자본주의적 욕망에 노출되면서 벌어지는 일들이기도 하다. 퓨전과 크로스오버가 주류가 되어가는 상황에서 "이것은 국악이 아니다"라는 식의 말은 이미 무색해졌다.

비평이 할 일은 그러한 만남과 마주침이, 들뢰즈 식의 구분에 따르면, '가능성'의 영역으로 기울지 않고 계속해서 '잠재성'의 세계를 탐구할 수 있도록 돕는 데에 있다. '퓨전 국악'의 몇몇 성공 사례는 이미 수많은 젊은 국악인을 '성공 가능성'에 묶어두는 악영향을 낳고 있다. 그럼에도 '클래식'과 '국악', 그리고 '대중음악'의 관습적 경계들, 나아가 음악과 비음악 사이의 경계를 횡단하는 더 많은 만남과 마주침이 필요하다. "이것은 음악이 아니다"라는 말이 보수적인 장르 나누기의 수사가 아니라 음악적 잠재성의 세계를 탐구하는 유쾌한 역설과 반란의 메시지로 받아들여질 수 있을 때까지.

12 / 중년에 악기를 배우며

나이 마흔이면 유혹에 지지 않고不惑, 쉰이면 하늘의 뜻을 알며知天命, 예순이면 모든 것이 순리대로 들린다耳順던 공자孔子의 말씀이 현재 한국인의 삶에는 더 이상 적용되지 않는다. '호모 헌드레드' 시대에 예순 나이조차 젊은 나이로 체감되기 때문일까? 그런 이유 때문만은 아니다. 평생직장 개념이 붕괴한 무한 경쟁 사회에서 한국인들은 나이 마흔에도 크고 작은 욕망을 불태워야 하며, 쉰이 되어도 하늘의 뜻을 살필 겨를이란 없으며, 예순이 되어서까지 순리를 따지지 않고 부와 권력을 좇아야 한다.

자기계발과 평생학습의 구호와 함께 젊음으로 치장된 사회에서 한국의 기성세대들은 필사적으로 늙음을 거부한다. 늙지 못한 채 나이만 먹을 뿐이다. 슬프게도 내가 그 우울한 기성세대의 일원이 된 지 오래다. 내 나이 어느덧 40대의 끝에서 50대로 넘어서고 있는데, 중년의 나이를 수식하던 '불혹'과 '지천명' 같은 여유와 성찰의 덕목이 그야말로 '공자왈 맹자왈'일 뿐이라는 것을 알게 되었다. 100세 시대의 연장된 수명에 맞추어 일흔 살쯤 되면 '불혹'이 되려나?

나이가 들수록 자신이 속한 공동체나 조직에서 책임은 커지며 인간관계는 더욱 복잡해진다. 하지만 옛 시대라면 나이에 맞게 주어졌을 안정된 지위가 오늘날 그 토대에서부터 흔들리게 되면서 '나이 듦'이 더 이상 성숙의 계기를 뜻하지 않게 되었다. 이러한 현실이 '나이 든' 개인에게 불러일으키는 감정은 분노나 짜증이다. 나이에 비례하여 관리해야 하는 일과 그로 인한 인간적 갈등이 걷잡을 수 없이 커지는 반면, 세상에 대한 통찰력과 지혜를 얻을 수 있는 차분한 관조의 기회는 더욱 희박해지기 때문이다.

중년이 된 나 자신도 그렇다. 종종 분노와 짜증이 내 안에서 꿈틀거림을 느낀다. 그 분노는 부조리한 사회에 대한 성찰과 비판의식에서 비롯된 공분公憤보다는 지극히 사사로운 분노인 경우가 많으며, 이는 곧 그런 사사로운 감정을 제어하지 못하는 자신에 대한 불신과 혐오의 감정으로 연결된다. 현대 사회의 질병인 우울증은 그렇게, '나잇값도 못하는' 자신에 대한 자괴감에서 싹트는 것이다.

우울증에 빠지지 않기 위해 최근 나는 새로운 한 가지 일을 시작했다. 연습용 첼로를 구입해서 레슨을 받기 시작한 것이다. 여러 일에 쫓겨 사느라 기타나 피아노 같은 이미 다루던 악기조차 손댈 여유를 찾기 힘들었던 내가 (이 중년의 나이에!) 전혀 새로운 악기에 도전한다는 것은 모험이었다. 하지만 나로서는 어떤 전기가 필요했고 첼로라는 악기는 그런 나의 요구에 적절히 부응했다.

찰현악기(활로 그어 소리를 내는 악기)인 첼로를 배우면서 정확한 음을 내는 일 자체가 주는 깊은 감흥을 새삼 느끼게 되었다. 첼로에서 정확한 음을 내는 것은 단순히 반복된 훈련과 기억을 통해 지판 위 정확한 눈금 지점에 기계적으로 손가락을 짚는 식으로 이루어지는 것은 아니다. 왼손가락이 어느 한 현의 정확한 음 위치를 찾는 데 성공하면 그 음과 일정한 비례 관계의 진동수를 갖는 다른 현이 공명共鳴 한다. 반면 왼손가락이 그 위치를 조금이라도 빗겨 짚으면 그 공명이 사라져 왜소하고 메마른 소리가 난다.

첼리스트는 지판 위의 정확한 지점에 대한 시각적 판단만이 아니라 첼로 현들이 만들어내는 공명을 느끼며 통감각적으로 음을 짚어내는 것이다. 아직 입문 단계에 불과한 초보 첼리스트로서 정확한 음을 짚어내지 못할 때가 허다하지만, 오른손으로 그은 활이 왼손가락이 짚어낸 정확한 음 위치와 만나 순간적으로 색채감 있는 현들의 공명을 만들어낼 때 첼로의 듬직한 몸체가 떨려 나의 온몸으로 전해지는 짜릿한 느낌은 글로 설명하기가 어렵다.

음악에서 개별 음은 다른 음들과의 화음和音을 통해서 생겨난다. 경직된 신체를 깨우며 새롭게 한 음 한 음에 귀를 기울여야 하는 초보 연주자의 심정으로 돌아가서 새삼스레 확인한 음악적 진리다. 이렇게 중년의 나이에 첼로라는 새로운 악기를 배우며 세상의 순리를 듣는다耳順. 그것은 또한 하늘의 뜻을 새기는 일이기도 하다知天命. 나아가 일상의 불협화음을 보상받고 미혹됨이 없이不惑 담담하게 늙어가는 일, 비로소 어른이 되어가는 일이기도 하다.

13 / 클래식, 대화의 음악

클래식 음악(이하 '클래식')이 위기 상황이라고 한다. 자본주의 사회에서 '위기'라면 무엇보다 경제적인 문제와 관련될 터. 그 점에서 한국의 클래식이 '위기'가 아니었던 적이 있을까? 예전부터 '전업 음악가'라고 할 수 있는 한국의 클래식 음악가를 찾아보기란 어려웠다. 전업 음악가처럼 보이는 이들도 실제로는 교수거나 강사거나 아무튼 직업이 따로 있었다. 각급의 오케스트라 단원들조차도 주 수입원은 레슨이라는 이야기가 공공연했다. 그에 비하면, 최근엔 적으나마 한국인 전업 음악가들이 늘어났다고 해야 하지 않을까.

따지고 보면, 클래식 위기 담론의 실상은 예전보다 음악 관련 교강사 자리를 얻거나 클래식 레슨 수강생들을 구하기가 더 어려워졌다는 것인지도 모른다. 직설적 표현으로 클래식 종사자들에게 불편함을 선사하려는 것은 이 글의 의도와 무관하다. 클래식 음악가들이 공적·사적 교육 시스템에 의존해 온 역사는 클래식 본토에서조차 유구하다. 다만 한국의 클래식은 그 의존도가 지나치게 높았을 뿐만 아니라 그런 시스템의 존재 이유에 대한 근본적인 문제의식을 공유하는 데에도 서툴거나 게을렀던 것 같다. "클래식이 왜 가치 있는 음악인가?" 애초 한국의 클래식 수용에 식민적 구조가 내재했던 탓이 크겠지만 이런 근본적인 물음이 자주 생략되어 왔다.

"클래식이 왜 가치 있는 음악인가?" 곧잘 제시되는 답변은 동어반복이다. "클래식은 고전古典이니까." 한국의 전통음악도 '고전'이 아니냐는 지적을 어렵사리 받아들이고 나면, 답변은 "서양의 고전이니까"로 수정될 것이다. 이 정도에서 사실상 고민은 멈춘다. 클래식의 가치에 대해 행여 그 이상의 의문이 제기될 경우에 한국의 클래식 음악가들이 자주 쓰는 대응 전략은 이랬다. "음 …… 그냥 한 번 들어보시죠!" 실제로 "클래식은 의심의 여지없이 절대적으로 좋은 음악이기 때문에 이 음악을 좋아하지 않는 사람은 뭔가 (지식과 교양 면에서) 결핍이 있는 사람"이라는 식의 상식이 돼버린 관념이 지난 한 세기가량 한국의 클래식 문화를 든든히 뒷받침해 주었다.

이런 식의 관념이 본토의 클래식 문화와 무관한 것은 아니다. 예컨대, 서양에서 절대왕정 시대(서양음악사의 바로크에서 고전 초기까지)의 궁정음악이 그랬다. 프랑스의 '태양왕' 루이 14세의 베르사유 궁전에서 흘러나오는 음악은 아무도 의심할 수 없는 '절대적으로 좋은 음악'이었다. 하버마스는 궁정의 음악 공연에서 전형적으로 드러나는바 왕족과 귀족들의 공적 신분 과시 방식을 가리켜 '과시적 공공성'representative publicity이라고 불렀다. 여기서 '과시적'이라는 수식어의 원어에 '대표적'(대의적)이라는 뜻이 있듯이, 그것은 선민의식을 가진 소수가 대다수 일반인에게 모범을 제시하고 그들을 '대표한다'는 의미였다. 요컨대, 한국의 20세기 클래식의 공적 소통에서도 '과시적 공공성'이 두드러졌다. 한국의 클래식은 말하자면 절대왕정 시대에 머물렀던 셈이다.

하지만 클래식이 진정한 가치를 갖게 되는 것은 '과시적 공공성'을 넘어서는 지점에서다. 시민혁명기를 거치면서 하버마스가 말하는 '부르주아 공공성/공론장'publicity/public sphere이 형성되었다. 하버마스는 부르주아 공론장의 대표적인 사례 가운데 하나로 '공공연주회'public concert를 꼽는다. 근대 부르주아 공공성이 봉건 시대의 '과시적 공공성'과 어떻게 다른가? 하버마스의 목소리를 직접 들어보자. "돈을 받고 입장을 허용함으로써 음악 연주는 상품이 된다. 그러나 이와 동시에 마치 목적이 없는 음악과 같은 것이 생긴다. 최초로 음악 자체를 듣기 위해 공중이 모이게 되는데, 이 애호가 공중은 재산과 교양을 갖추면 누구에게나 허용된다. 사회적 과시 기능으로부터 면제된 예술은 자유로운 선택과 변화하는 선호 대상이 된다."

한국에서 클래식이 과연 "자유로운 선택과 변화하는 선호 대상"이 되어본 적이 있던가? 오히려 지금, 클래식이 위기라고 하는 지금에야 한국의 클래식은 '공론장의 음악'으로서의 시험대에 오른 것은 아닐까? 르네상스 시기 이후로 서양음악은 합리적 기보법과 체계화된 화성 언어를 바탕으로 교회와 궁정의 음악과 다양한 세속음악, 나아가 지역적 민속음악까지도 소통하고 융합하는 대화의 장을 열어왔다. 하버마스가 말하는 근대의 부르주아 공론장, 즉 커피하우스와 살롱, 음악저널, 특히 공공연주회장은 이러한 '대화의 음악'으로서의 클래식을 결정화하고 구체화했다.

하지만 하버마스는 서양의 이러한 근대적 음악 문화도 19세기 후반 이후 '재봉건화'되며 다시금 '과시적 공공성'에 빠져들었다고 말한다. 클래식 레퍼토리가 정전正典, canon처럼 되고 '불멸의 음악가'에 대한 숭배가 늘어나더니, 서양 문화의 파산선고나 다름없었던 두 차례의 세계대전을 거치면서 클래식은 사실상 창작되지 않는 '과거의 음악'으로 간주되기에 이른다. 결국, 젠체하는 클래식 애호가들과 미적 성찰 없는 대중음악 애호가들로 이분화된 현대의 음악 문화는 하버마스에게 귀족과 평민으로 나뉘었던 봉건 시대의 음악 문화와 다를 바 없다. 돌아보면 한국은 이미 '재봉건화'된 클래식을 뒤늦게 수입했던 것은 아닐까?

부르주아 공론장의 형성은 서양 사회의 '산업화'와 밀접한 관련이 있다. '순수'음악의 이데올로기를 신봉하는 이들은 인정하고 싶지 않겠지만, 클래식은 '음악 시장'(악보 시장, 공연 시장, 그리고 좀 더 나중에는 음반 시장 등)을 중요한 물질적 토대의 하나로 삼는 음악이다. 이 점이 비서양의 '고전'음악과 결정적으로 다른 점이다. 서양에서 산업화는 부르주아 계층을 형성했고, 중간계층이었던 이들은 음악 시장을 배경으로 여러 상이한 음악 문화를 매개하고 조율했다. 이러한 근대 음악 문화가 다시 부르주아와 노동자의 이분법으로 귀결되면서 '재봉건화'에 빠지고 말았다는 것이 하버마스의 비판이었다. 하지만 현실이 그토록 비관적인 것만은 아니다.

인공지능이 현실이 된 지금을 '4차 산업혁명' 시대라고 흔히 말한다. 새로운 '산업화'의 '혁명적'인 면모 가운데 하나는 부르주아와 노동자, 정신노동과 육체노동의 이분법을 무의미하게 만들고 있다는 것이다. 텔레비전에서 명사들의 '강연'이 무려 '예능 프로그램'으로 소비되는 것을 보면 알 수 있듯이, 인류 역사상 처음으로 사회의 모든 계층이 지적이고 창의적인 삶을 요구받고 있다. 클래식의 가치는 이 시점에서 재조명되어야 한다. 예컨대 SNS와 디지털 플랫폼을 활용한 다양한 형태의 음악교육과 음악적 소통이 가능해지고 있다. '재봉건화'와 '과시적 공공성'을 다시금 넘어서 새로운 디지털 '공론장', 나아가 '공감장'을 형성할 시점이다. 클래식의 본질적 가치는 다양한 지역의 음악들, 그리고 다양한 신분과 계층의 음악들 사이에서 이루어졌던 합리적 대화와 조율 가능성에 있다. 따라서 클래식 위기 극복의 열쇠 또한 다음의 물음에 달려 있을 것이다. 한국의 클래식 음악가들은 다시 경계를 넘어 대화할 준비가 되어 있는가?

14 / 박수와 경청의 미덕

클래식 음악회장의 '박수'와 관련한 해묵은 논쟁이 있다. 예컨대 여러 악장으로 나뉜 클래식 작품 연주에서는 악장 사이에 박수를 치지 않는 것이 클래식 연주회장의 예절로 간주되어 왔다. 하지만 청중에게 이러한 청취의 예절을 과도하게 요구하는 것은 억압적이라는 주장도 만만치 않게 제기되곤 한다. 악장 간 박수 금지는 20세기 이후의 '만들어진 전통'이라는 고발도 곁들여진다. 그렇지만 새롭게 만들어진 전통이라고 해서(세상의 전통이나 관습은 모두 변화하고 새로 만들어진다) 곧잘 무시되어도 좋은 것은 아니다. "악장 간 박수를 자제해 달라"고 안내방송까지 하는 한국 클래식 연주회장의 풍경은 도를 넘은 것으로 보이지만, 그렇다고 각자 내키는 대로 아무 때나 박수를 쳐도 좋다는 식의 이야기가 사려 깊게 들리지도 않는다.

클래식 음악회에서도 때로 즉흥적이고 자연스럽게 이루어지는 청중의 환호와 박수소리가 연주의 감동을 더해 주는 경우도 있으며, 표트르 차이콥스키Pyotr Tchaikovsky의 바이올린 협주곡과 같이 악장 간 박수가 이미 어느 정도 관례처럼 된 경우(길고 극적인 1악장을 마칠 때 자연스레 청중의 박수가 터져나오는 것을 사실상 막을 수 없기 때문이다)도 있다. 하지만 악장 사이의 박수가 청자의 자유로운 감상 태도와 관련되기보다 연주자나 주변 청중에 대한 배려 부족으로 보일 때가 적지 않다. 적절한 타이밍을 모르고 치는 박수도 문제가 되지만, 반대로 이른바 '안다 박수', 언제 칠 줄 안다는 것을 과시하기 위해 서둘러 치는 박수 때문에 연주 끝의 여운을 느낄 기회마저 빼앗는 경우도 있다.

음악이 일종의 언어이듯이, 공연장에서 청중의 반응 역시 언어화되어 있고 거기에는 최소한의 규칙이 있을 뿐만 아니라 문화와 역사에 따른 상대성도 있다. 클래식 청중의 경우에 소리 내지 않아야 할 때 소리 내는 게 문제라면, 한국 전통음악 청중의 경우 정반대로 소리 내야 할 때 소리 내지 않아서 문제인 경우가 많다. 청중의 '추임새'가 없는 판소리와 민요, 산조 공연의 경우가 특히 그렇다. 과연 음악회장에서 청중은 언제 어떻게 소리를 내야 하는가? 그게 생각만큼 간단한 문제는 아니다. 음악이 문자 그대로의 '만국 공통어'일 수만은 없듯이 음악 청취의 관습 또한 모두 같을 수는 없기 때문이다.

결국 중요한 것은 연주자와 동료 청중에 대한 예의이며, 작품과 연주를 둘러싼 문화적 맥락과 관습에 대한 존중이다. 여기에는 서로 다른 음악회의 청취 문화에 대한 최소한의 이해와 배려가 전제된다. 제 돈 내고 즐기러 음악 듣는 데 무슨 '이해'가 그리 필요하냐며 항변할 일만은 아니다. 겉보기에 자유롭고 청중의 행동에 제약이 없어 보이는 록 페스티벌과 재즈 클럽의 공연들, 심지어 길거리 버스킹 공연에서도 적절한 듣기를 위해 문화적으로 코드화한 행동의 규칙이 있다. 공적인 공간에서 '어떻게 들을 것인가'라는 문제는 불가피하게 사회적인 의미를 갖는다. 발화자의 메시지를 주의 깊게 듣는다는 것, 즉 '경청'傾聽의 미덕은 일상의 사회적 관계와 음악 공연의 사회적 관계에도 동일하게 적용될 수 있다.

요컨대, 적절한 때에 박수를 치거나 추임새를 넣는 것, 연주에 대한 경청의 제스처 언어들은 '이상적 대화'를 은유하는 음악 공연에서 부수적인 것이 아니라 오히려 본질에 속한다. 따라서 음악을 알아가는 일은 일상적 차원에서 경청의 방법을 터득해 가는 일이기도 할 것이다. 상호 배려와 이해 속에서 섬세하게 듣고 말하고 대화하는 일의 중요성이 전례 없이 강조되고 있는 한국의 현실에서 이 점은 새롭게 음미해 볼 만하다. 음악회장은 단순히 음악을 듣는 곳만이 아니라 민주적 대화와 소통을 위한 사회화의 장이기도 하다. 사려 깊게 경청하고 적절한 반응을 보임으로써 공감과 즐거움을 나누는.

15 / 광주시향과 오월 광주

음악과 공동체

전통적으로 미술은 사물을 있는 그대로 그려내고 묘사할 수 있다는 의미에서 '재현 예술'로 분류된다. 하지만 19세기 말과 20세기 이후 의도적으로 재현(사물이나 상황의 객관적 묘사)을 거부하는 움직임에서 이른바 '현대 미술'이 출발했다고 미술사가들은 분석한다. 입체파와 초현실주의, 갖가지 오브제와 해프닝에 이르기까지 20세기 이후의 이른바 '현대 예술'은 재현 대신 무엇을 하게 된 것일까? 비재현적인 예술, 구체적인 사물이나 상황을 묘사하지 않는 예술이란 무엇일까?

음악에 그 답이 있다. 음악은 애초부터 구체적 사물을 묘사하기 어려운 추상적 예술이다. 미술의 관점에서 보면 음악은 고대로부터 '현대 예술'이었던 셈이다. 서양음악의 경우 후기 르네상스와 바로크 시기에 유행했던 '음 그리기'tone painting부터 리하르트 바그너Richard Wagner의 라이트모티프Leitmotiv에 이르기까지 '음악적 재현'에 도전해 온 짧지 않은 역사가 있다. 하지만 이러한 음악적 재현, 즉 '소리와 음을 통한 묘사'

가 아무리 주도면밀하다 한들 미술로 이야기하자면 입체파나 초현실주의보다도 더 추상적일 수밖에 없다.

실제로 첨단의 현대 예술과 디지털 미디어아트가 꿈꾸는 예술적 소통이란 많은 부분 음악적이다. 여기서 '음악적'이란 무슨 뜻일까? 공연 예술로서의 음악은 그 목적을 객관적 묘사보다는 퍼포먼스, 곧 실행과 실천에 둔다. 그것을 이렇게 이야기할 수도 있을 것이다. "음악은 인간적이거나 사회적인 관계 그 자체를 재현한다"라고. 모든 음악 공연은 소리 내고 대화하고 경청하고 공감을 나누는, 연주자들 사이, 청중 사이, 그리고 연주자와 청중 사이에서 형성되는 모든 관계를 통해 매우 추상적이고 은유적인 형식으로 이상적 공동체에 대한 이미지를 그려낸다. 청중은 음악회가 창출하는 공동체의 이미지 속에 부지불식간에 참여하게 되는 것이다.

5월 광주와 「님을 위한 행진곡」

'5월 광주'를 노래하거나 음악화하는 것 역시 1980년 광주에서 일어났던 역사적 사건을 단순히 재현 내지는 묘사하는 데 그칠 수 없다. 그 의미는 추상화된 음악적 환상을 통해서나마 연주자와 청중 스스로 그날의 광주시민이 되어보는 것, 당시 폭압적 권력에 대항했던 광주시민 사이의 대화와 공감의 차원을 음악회의 예술적 소통 맥락에서 새롭게 연출하고 실현하는 것이다.

두 개의 대규모 관현악곡이 광주시향의 5·18기념음악회를 위해 위촉되었다. 두 곡 모두 「님을 위한 행진곡」을 모티프로 삼고 있다. 우리는 이 곡이 독재 정권에 저항하고 민주화를 위해 동참했던 전국의 양심적 시민을 매순간 '5월 광주'의 시민이 되도록 해주었던 마법의 주문과도 같은 노래라는 사실을 잘 알고 있다. 「님을 위한 행진곡」은 5·18광주민주화운동의 역사적 현장에서 직접 부른 노래가 아니다. 1982년에야 창작된 이 노래는 5·18 당시에는 이 세상에 존재하지도 않았다. 그럼에도 이 곡이 1980년 5월의 역사적 사건과 긴밀하게 연결되는 이유는, 가해자들의 바람대로 잊혀버릴 수도 있었던 5·18의 진실과 기억을 되살려 끊임없이 '지금-여기'의 시공간 속 살아 있는 외침으로 승화시킨 이들, 시위와 집회의 현장에서 이 노래를 함께 부른 이들이 이 노래에 스스로 담아낸 실천적 의미 때문이다.

「님을 위한 행진곡」은 5·18 시민군 대변인으로서 5월 27일 최후 항전에서 계엄군에 희생된 윤상원과 박기순(윤상원과 함께 들불야학 활동을 하다가 1978년 말 불의의 사고로 죽었다)의 영혼 결혼식을 기념하여 창작한 노래극 「넋풀이」의 삽입곡으로 1982년 3월에 작곡되었다. 가사는 백기완의 시 「묏비나리」에서 따와 소설가 황석영이 개사하여 붙였다. 노래극 「넋풀이」는 당시 광주에서 거주하던 황석영의 자택에서 가정용 카세트 데크 오디오로 녹음되었고 2,000여 개의 카세트테이프로 복제되어 배포되었다. 이때까지도 「님을 위한 행진곡」이 전국에서 널리 불리게 될 줄은 아무도 몰랐을 것이다. 작곡가(김종률 현 광주문화재단 사무처장) 자신조차 1983년 입대 후 휴가 때, 서울의 대학 집회에서 이 노래가 불리는 것을 듣고 깜짝 놀랐다고 한다.

민중가요의 시대

정치적 표현의 자유를 억압하는 서슬 퍼런 검열기제가 작동되던 당시에 녹음과 재생이 모두 가능한 카세트 오디오 기기는 새로운 정치적 저항의 무기가 되어주었다. 오늘날 스마트폰과 SNS가 새로운 정치적 힘을 발휘하고 있듯이, 카세트 오디오는 당시의 대안적 매체였던 셈이다. 유신 정권 말기 김민기의 「공장의 불빛」1978 카세트테이프 제작에 기원을 두는 이른바 '비합법 카세트테이프'는 「님을 위한 행진곡」이 담겼던 1982년의 「넋풀이」 카세트테이프로 계승되면서 1980년대 중반 이후 이른바 '민중가요' 시대를 열었다.

대학가 노래패의 악보집과 카세트테이프를 통해 확산된 '민중가요'란 작곡가나 가수, 연주자를 특정할 필요 없이 그 노래를 부른 이들 모두가 노래의 주인임을 뜻했으며, 그 대표격인 노래가 바로 「님을 위한 행진곡」이었다. 이 곡은 1987년의 대통령 직선제 개헌과 1997년의 평화적 정권교체를 이룬 대한민국의 민주화 과정에서 줄곧 주제 선율의 역할을 했으며, 이 주제 선율은 언제나 '5월 광주'의 기억과 연관되었다. 「님을 위한 행진곡」을 함께 부른 이들은 전국 곳곳의 집회 현장을 5·18 희생자들의 목소리와 연대한 거대한 합창의 무대로 전환했다.

지금은 부패와 비리의 죄목으로 나란히 구속 수감되어 있는 두 전직 대통령이 재임했던 지난 10년 남짓의 기간 동안 매년 광주의 5·18 기념식 때마다 이 곡이 수난을 겪었던 것은 역설적으로 이 노래가 역사적으로 발휘해 왔던 정치적 힘을 방증한다. 이들 정권에서 음악학적 근거도 없는 '제창'과 '합창'의 억지 구분으로 기념식 참여자들의 노래 부르기를 막고자 했던 이유도 그 힘이 두려워서였을 것이다.

서양음악과 전통음악 어법 모두를 능숙하게 구사하는 작곡가 황호준과 김대성이 '서곡'과 '교성곡'(칸타타)을 통해서 「님을 위한 행진곡」이라는 노래에 내포된 정치적 힘을 어떤 새로운 예술적 소통의 맥락 속으로 옮겨놓을지 궁금해진다. 황호준은 「님을 위한 행진곡」의 가사 창작과 녹음에 개입한 소설가 황석영의 아들로서, 김대성은 대학생 시절인 1980년대 후반부터 한국의 저항적 노래운동과 민족음악 운동에 실천적으로 참여해 온 작곡가로서, 「님을 위한 행진곡」과 직간접적인 인연이 있다. 특히 마지막 곡인 김대성의 교성곡은 전남대 합창단과의 협연이 예정되어 있다. 1980년 5월 전남대 정문에서 시작된 '민주화 세대'의 외침이 '촛불세대'의 현재와 미래를 위한 대화와 소통으로 승화되는 순간이 될 것이다.

국가와 민족, 그 너머

5·18 광주민주화운동 당시 광주시민들이 태극기를 흔들며 「애국가」를 불렀다는 사실은, 영화 「택시운전사」2017의 주인공인 힌츠페터 기자가 기록한 영상물을 통해서도 생생하게 목격된다. '국가'라는 이름으로 폭력을 가해오는 이들을 향해 그들은 '국가'라는 이름으로 당당히 맞섰다. '국가'는 절대 권력을 찬탈한 소수 세력의 것이 아니라 부당한 권력에 맞설 수 있는 국민들 자신의 것이라는 사실, "대한민국의 주권은 국민에게 있고, 모든 권력은 국민으로부터 나온다"라는 대한민국 헌법 제1조의 의미를 5월 광주의 평범한 시민들이 죽음을 무릅쓰고 지켜내 보인 것이다.

하지만 20세기의 세계사적 모순과 냉전 이데올로기가 여전히 작동하는 한반도의 지정학적 특성상 '국가'는 언제든 개인에게 폭력을 가할 수 있다. 광주의 시민군을 '빨갱이 폭도들'로 음해하고 매도하는 일이 지금도 반복되고 있는 데서 볼 수 있듯이, 한반도의 평화가 전제되지 않는 한 5·18의 비극은 반복될 수 있는 것이다. 지난 정권 말기 절정으로 치닫던 한반도의 긴장과 갈등이 최근 평창 동계올림픽을 기점으로 크게 완화되어 가는 모습은 이 점에서 큰 위안을 준다. 또한 올림픽 이후 음악이 그러한 평화를 이끌어내는 중요한 매개체가 되고 있다는 사실은 이 음악회의 의미를 더욱 곱씹게 해준다.

두 곡의 위촉된 작품들 사이에서 「아리랑 환상곡」이 연주되는 것은 이렇듯 5·18의 역사적 의미와 한반도 평화의 긴밀한 연관성을 고려한 선곡이라 할 만하다. 「아리랑 환상곡」은 북한의 작곡가 최성환이 1970년대에 작곡한 북한의 관현악곡임에도 세계의 여러 클래식 무대와 남한의 음악계에서도 자주 연주됨으로써, 일찍이 분단과 냉전의 이데올로기를 뛰어넘는 음악의 보편적 힘을 보여 주고 있다. 이 곡은 2002년 남북예술단 평화 교류 당시에 평양 공연에서 남측 대표 KBS 교향악단의 단원들이 북측 대표 국립교향악단의 단원들과 손잡고 무대에 나와서 함께 연주하기도 했고, 2008년에는 로린 마젤Lorin Maazel이 지휘하는 뉴욕필하모닉의 평양 공연 때 앙코르곡으로 연주하여 청중의 기립박수를 이끌어내기도 했다. 수년 전 서울의 롯데콘서트홀 개관 기념 연주회에서 정명훈 지휘의 서울시향 역시 앙코르곡으로 이 곡을 연주하여 호평을 받았다.

특히 재일 한국인 지휘자로서 한국과 국제무대에서 이 곡을 누구보다도 자주 연주해 왔던 광주시향 상임지휘자 김홍재의 해석이 기대된다. 개량된 전통악기를 쓰는 북한 특유의 배합관현악 편성(이 곡에서는 '부분 배합관현악 편성')으로 작곡된 이 곡은, 특히 관악기의 한국음악적 시김새가 뛰어나게 표현되어 있다. 민족의 역사를 소재로 했다는 점에서 첫 곡으로 들었던 스메타나의 작품과 통하는데, 청중은 이번에는 아리랑 주제 선율에 몸을 싣고 앞으로 다가올 평화와 화해의 순간을 한민족의 일원으로서 체험해 볼 수 있을 것이다.

'광주시민의 목소리'로서 광주시향

현대 예술에서 아방가르드(avant-garde, '전위부대') 정신은 이른바 '예술을 위한 예술'을 표방하며 삶으로부터 고립을 자처하는 데에 있는 것이 아니다. 예술적 아방가르드란 오히려 예술적 실천이라는 무기를 들고 삶을 향해 돌진해 들어가 제도적 예술 관념과 관습화된 일상 모두에 균열을 가하고 그 균열의 틈 사이로 예술과 삶 사이의 소통을 모색하는 이들이다.

「님을 위한 행진곡」과 1980년대의 민중가요는 그 양식적 수준과 무관하게 위와 같은 의미에서 아방가르드 예술이었다. 하지만 아방가르드의 내용과 형식은 시대에 따라 변할 수밖에 없다. 광주시립교향악단은 해마다 5월이면 '음악적 아방가르드'의 역사적 소임을 부여받아 왔다. 광주시향을 아끼는 청중도 5월이면 '역사'에 대한 벤야민의 다음과 같은 말을 되새기게 된다. "우리가 귀를 기울여 듣는 목소리들 속에는 이제는 침묵해 버린 목소리들의 메아리가 울리고 있지 않은가?" 역사란, 산 자들의 목소리 속에서 메아리치는 망자亡者들의 소망의 외침을 듣는 것이다.

클래식은 더 이상 서유럽 사회의 전유물도 아니며, 서유럽 문화에 대한 일방적 동경과 추종의 태도로 접근할 대상도 아니다. 한국의 클래식은 지역적 가치를 통해 새로운 보편성을 창출해야 할 시점에 이르렀다. 광주시향이 '지금-여기', 지역의 실천적 공간에서 국가와 민족 너머 폭력과 굴욕이 없는 인간적 삶, 평등한 공동체의 보편적 모델을 제시해 주기를, 즉 5·18의 광주시민이 담당했던 '지역적 보편성'의 가치를 미학적으로 구현해 가기를 응원의 박수와 함께 기대해 본다.

제3장

공명 음악과 문화 사이

01 / 서울시향과 '조율'

서로의 '다름'을 살펴 인간에 대한 예禮를 지키면서 동시에 음악樂을 통해 마음의 벽을 허물고 '같음'을 나눌 수 있는 사회가 공자가 꿈꾸었던 이상사회였다. 유교에서 음악은 곧 사회적 관계의 은유다. '조율'調律이라는 음악 용어가 음악 외적 영역의 '합의 도출 과정'까지 뜻하게 된 연유 또한 여기에 있을 것이다.

이 무슨 케케묵은 '공자왈'인가 싶겠지만, 최근의 서울시향 사태를 보면서 드는 생각이 그렇다. 조율 능력의 총체적 부재, 그것은 물론 청와대에서부터 시작되는 우리 사회 전반의 문제이지만 서울시를 대표하는 관현악단의 책임자가 직원들에게 자행했다는 인권 유린의 폭언이야말로 '예악'禮樂의 파탄을 드러낸다.

문제의 박현정 서울시향 대표가 물 타기 기자회견을 자청해 정명훈 예술감독의 비리 혐의를 폭로함으로써 정명훈 감독 또한 씻기 어려운 오욕을 남기게 되었다. 거액 '몸값' 논쟁으로 수년 전부터 구설수에 올랐던 정명훈 감독이지만, 동료 음악가들과 클래식 팬들은 그와 서울시향에 대한 변함없는 애정과 지지의 뜻을 보이고 있다. 그 마음을 이해

한다. 소중히 여기는 음악적 가치, 그리고 정명훈 감독이 만들어낸 서울시향의 의미 있는 변화가 속물들에 의해 하찮게 취급되는 듯한 상황에 대한 그들의 답답한 심정도.

하지만 그러한 심정이 일반 대중이나 시민에 대한 예의와 존중 없이 표출될 때, 그것은 또 다른 속물주의로 전락한다. SNS에서 정명훈 감독을 옹호하는 누군가가 그랬다. "정명훈이 예술가지, 사회봉사자냐"라고. 적어도 서울시향 사태의 맥락에서 그런 식의 발언은 사회봉사자에 대한 조롱이거나 예술가에 대한 조소거나, 혹은 둘 다에 해당한다.

클래식 음악은 그 본질에서 서유럽의 전통음악이다. 예컨대 빈필의 연주활동은 빈이라는 도시의 역사와 문화적 정체성, 그리고 그 도시의 시민이 자신들의 전통에 대해 갖는 자부심 등과도 관련이 있다. 이러한 서유럽 도시민들의 클래식 음악에 대한 태도와 감정을 서울시민들에게 동일한 차원에서 요구하는 것이 과연 합당한 일일까?

20세기 이후 클래식 음악과 특히 교향악단은 보편적 의미의 근대성을 표상하게 됐지만, 교회나 궁정의 후원을 배경으로 한 서유럽의 전통음악이 오페라 극장과 콘서트홀의 세속화·상업화 추세에 부응해 근대화되고 제한적이나마 예술적 자율성을 획득하기까지는 수세기가 소요됐다.

한국의 경우 전통음악에서 근대적 관현악으로 변화를 모색했던 시간이 짧고 전통과의 심한 단절이 있었다. 문화의 지체와 혼란이 있는 게 당연하다. 그 혼란을 조율해 가면서 문화적이고 예술적인 삶을 영위하기 위해 서울시민은 얼마만큼의 비용을 감수할 수 있을까?

실제로 21세기 지구화한 문화적 환경에서 서울시향의 도약이 서울시민에게 유무형으로 안겨주는 이익이 있고, DG 로고가 찍힌 서울시향 음반이 상징하는 잠재적 문화경제의 효과 역시 적지 않을 것이다.

하지만 그 효과를 실감하기 어려운 다수의 시민들과 자신이 낸 세금이 포함된 시향 예술감독의 연봉 액수를 접하고 위화감과 박탈감을 느끼는 대중을 향해 구미의 교향악단과 세계 일류 음악인들의 사례를 무차별적으로 들이대며 "세계 표준 시세와 대우가 그러니 모르면 잠자코 있으라"고 훈계조로 말하는 이들의 유럽 물신주의적 언행도 내게는 박현정 대표의 무례함과 크게 다르지 않아 보인다.

훈계가 아닌 대화와 설득이, 거친 명령이 아니라 세심한 조율이 필요하다. 진정한 의미의 조율은 서로 다른 악기, 서로 다른 문화와 관습 사이에서 절충점을 찾아가는 것이지 "절대음고 A=440hz, 평균율에 맞추는 것"이 아니다. 음악 내적인 의미에서든 음악 외적인 의미에서든 간에, 조율의 '글로벌 스탠더드'는 존재하지 않는다.

02 / 과거를 노래하는 문화

음악에는 추억이나 향수를 일깨우는 마력과 같은 힘이 있다는 점을 누구도 부인하기 어려울 듯하다. 라디오에서 흘러나온 옛 유행가 선율이 향기처럼 콧속으로 스며들면서 아련한 옛 시절 어느 공간으로 순간 이동을 해본 경험이 한 번쯤은 있을 것이다. 지난 연말연시에 화제를 모았던 TV 예능 프로그램 「무한도전」의 '토토가' 코너는 유행가가 사적으로 내밀하게 불러일으켜 왔던 이러한 공감각적共感覺的 체험을 대중적 차원에서 극대화한 이벤트였다.

이 이벤트의 주인공들은 1990년대 가수들과 팬들이었다(편의상 이들을 '90세대'로 부르자). 몇 년째 지속되는 복고 문화의 흐름 속에서 '90세대'들이 주목받는 것은 더 이상 새로운 일이 아니다. 이전까지 '7080'이라고 씌어 있던 어느 유흥가 건물 꼭대기의 네온사인 간판이 '708090'으로 바뀐 모습을 목격했던 게 이미 지난해 초였다. 그 간판의 숫자는 '90세대'들이 명실상부 기성세대의 일원이 되었음을 알려주고 있었다. 연전의 '응답하라' 신드롬도 그랬지만 '토토가' 열풍도 본질상 저 유흥가 네온사인 간판에 때맞춰 덧붙인 숫자와 다를 바 없을 것이다.

하지만 1990년대의 추억을 불러내는 최근의 복고 문화가 이전의 '7080' 복고 문화와 구별되는 지점이 있다. 비교컨대, 1990년대 말부터 미사리 라이브 카페를 중심으로 형성되었던 '7080' 문화가 비주류 문화로서의 성격을 띠고 있었다면, 1990년대를 조명하는 최근의 복고 문화는 주류적 경향을 보여 준다.

'토토가'가 주목한 '90세대'는 한국 사회에서 최초로 디지털 문화와 이를 바탕으로 하는 노래방 문화의 세례를 받았다. 이들 '90세대'의 음악 문화는 댄스와 발라드를 장르적 핵심으로 삼고 아이돌 문화를 공유한다는 점에서 현재의 10대나 20대의 문화와 큰 단절 없이 이어진다. 두 세대 사이에 음반 산업의 몰락이라는 음악 문화적 지각변동이 있었지만 노래방에서든 인터넷 플랫폼에서든 간에, 이들은 모두 검색어와 버튼으로 조작하는 디지털 음악 아카이브에 익숙하다. 디지털 음악 아카이브는 현재라는 평면 위에 과거의 음악을 뒤섞는다. 디지털 세대는 이 점에서 복고가 일상화된 세대다.

'토토가'의 옛 가수들이 노래방 반주 기계의 노래 점수로 참가 자격을 얻는다는 설정은 여러모로 상징적이었다. 노래방은 추억과 공감을 위한 제의적 공간이자 방대한 디지털 음악 아카이브이기도 하다. '90세대'는 이러한 노래방에서 '제대로 놀 줄 아는' 최초의 기성세대다. '7080세대'처럼 거리감이 느껴지지 않게 지금의 10대와 소통할 수 있는 세대, '90세대'는 바로 그런 세대다. 이러한 '90세대'가 본격적으로 자신들의 과거를 노래하기 시작했다는 것은 징후적이다.

'708090'이라는 유흥가 간판의 숫자를 처음 보았을 때 나는 생각했다. 앞으로 저 간판의 숫자는 어떻게 바뀔까? 자릿수를 더 늘리는 것은 곤란하니 앞의 '70'은 떨어내고 '809000'으로? 그런데 '00'이라는 숫자는 앞의 '90'과 연결되어 독립된 숫자로 파악되지 않는다.

실제로 '90'이 저 간판 위에 기록될 마지막 숫자가 될지도 모른다는 합리적 예측이 가능하다. '90세대'가 메가 히트 유행가에 대한 공유된 기억을 갖춘 거의 마지막 세대이기 때문이기도 하지만, 어쩌면 단일 세대로서 막강한 구매력을 갖춘 마지막 소비 집단일지도 모르기 때문이다.

'토토가'는 오로지 현재만을 노래하고 즐길 것 같았던 '90세대'조차 마주하기가 벅찰 만큼 현재의 시간이 각박해졌다는 사실을 확인해 주었다. 젊은 세대와의 소통이 가능한 '90세대'의 문화적 포용력에 대해 그 이상을 기대하는 것은 무리일까? 과거를 노래하는 일은 현재를 노래하는 일의 주변에서만, 사실상 내밀한 사적 체험의 층위에서만 아름답게 빛날 수 있다. 추억은 과거가 된 현재다. 과거를 노래하는 것이 주류가 되는 문화, 현재가 사라진 문화에서는 추억도 사라진다.

03 / 듣는다는 것

일요일 오후 위층 집에서 걸려온 항의 전화 때문에 딸아이는 피아노 연주를 멈추고 시무룩해졌다. 어른 대신 어린아이를 시켜 전화를 걸어온 처사에 대해 아내는 다소 언짢아했지만 공동주택에 살면서 이웃의 편안한 여가 시간을 방해한 우리 가족에게 절대적 책임이 있다는 사실을 받아들이지 않을 수 없었다. 우리 가족의 '시끄러운 취미'를 이해해 주면 고마운 일이지만 사실상 이해 못하는 것이 정상이다. 위층 가족도 항의 전화를 걸기까지 많은 인내의 과정을 거쳤을 것이다.

신문지상에 오르내리곤 하는 층간소음의 변명할 수 없는 가해자가 되었음을 인정하면서 새삼스레 소리와 청각의 사회학에 대해서 성찰하게 되었다. 벽으로 둘러싸인 자신의 집 안에서 어떤 흉한 볼거리를 연출해도 이웃에게 책잡힐 일이 없지만 소리는 다르다. 벽을 뚫고 전달되는 소음의 괴력은 대도시의 개인주의적 삶에 적지 않은 방해 요소가 된다. 무차별적으로 경계를 넘어서는 성질을 가졌다는 점에서 소리는 본질상 전체주의적이다.

영화 「국제시장」2014에서 남녀 주인공이 야외 스피커로 들려오는 애국가 소리에 부부 싸움을 멈추고 국기에 대한 경례를 하던 장면은 소리의 전체주의적 본질을 우화적으로 드러내주었다. 그 시절 한국인은 개인적 삶을 침범하는 소리의 폭력을 무던히도 잘 참고 견뎌냈다. 애국가와 새마을노래, 그리고 통행금지와 민방위 훈련을 알리는 사이렌 소리까지. 어린 시절 싸구려 트로트 메들리 테이프를 차내 스피커로 크게 틀어놓은 채 흥얼거리며 운전하던 검은 선글라스의 시내버스 운전기사 아저씨들을 기억한다. 그 음악을 묵묵히 들어야 했던 승객들에게 그들은 움직이는 버스 안의 독재자였다.

사회학자 게오르그 짐멜Georg Simmel에 따르면, 눈은 '시선의 교환'을 통해 상호성을 가진다. 다른 이의 눈을 보기 위해서는 반드시 자신의 눈을 보여 주어야 한다는 의미에서다. 이에 반해 귀는 듣기만 할 뿐 내주는 것이 없다. 이러한 청각의 이기주의는 역설적으로 순응주의와 연결된다. 짐멜은 말한다. "귀는 오로지 받아들이기만 하기 때문에 근접한 것은 무엇이든지 가리지 않고 받아들여야 하는 숙명을 안고 있다." 우리가 버스 속 독재자의 음악을 들어야만 하는 것도, 공동주택의 층간소음을 피할 수 없는 것도 이렇듯 청각에 내재한 숙명적 순응주의 때문이다.

그래서 청각은 다른 감각보다 더 정치적이며 위계적 성격을 갖게 되는 것 같다. 두 사람이 대화할 때 마주 볼 수는 있어도 동시에 들을 수는 없다. 누군가 말할 때 다른 누군가는 들어야만 한다. 한편이 자기 뜻대로 말할 수 있는 반면 다른 한편은 일방적으로 들어야만 한다면, 둘 사이에는 불가피하게 정치적 권력 관계가 성립한다. 공동주택의 층간소음이 불쾌함을 넘어서 살인에까지 이르는 광포한 분노를 불러일으키는 것도 이 때문일 것이다. 이웃이 내는 소리를 일방적으로 듣고 있어야 한다는 사실이 권력 관계에 입각한 인간적 모멸감을 불러일으키는 것이다.

일방적으로 듣고만 있을 수 없다고, 그래서 내 쪽에서도 소음을 내겠다고 앙갚음을 시도할 때 층간소음 문제는 해결점을 찾지 못한 채 점차 파국으로 치닫게 된다. 최근 층간소음을 소재로 인터넷에 연재 중인 웹툰을 보면 이러한 파국은 아파트 한 동 전체로까지 확산된다. 과장된 만화적 상상력이지만 우리 사회에 팽배한 불신과 소통 부재 현상을 적절히 풍자하는 듯하다. 그저 각자의 자리에서 아무 소리 내지 않고 침묵하는 것만이 이 문제에 대한 해답일까?

사실상 음악은 이 물음에 대한 은유적 해답을 제시한다. 두 사람이 각자 말하면서 동시에 듣는 것, 시선을 마주치듯 상호성을 통해 말하면서 듣는 이상적 대화가 오직 음악에서만 가능하다. 성악가와 반주자, 소리꾼과 고수, 성부를 나누어 노래하는 사람들, 합주단의 연주자들이 그러한 이상적 대화를 멋지게 해내는 사람들이다. 음악이 만드는 화음이 이상적이고 합리적인 사회의 궁극적 모델일 수밖에 없는 이유다. 그럼에도 우리 집의 음악 소리가 이웃 사이 갈등의 원인이 되었다는 곤혹스러운 사실을 받아들여야 한다. 아내는 지금 방음부스 설치를 고민 중인데, 나는 위층 집 아이와 록 기타를 함께 연주하는 꿈을 꾸고 있다.

04 / '예술인간 시대'와 오디션 인간

여행에서 찍은 멋진 풍경사진을 자신의 페이스북에 게시하거나 촌철살인의 공감을 불러일으키는 글들을 블로그에 포스팅하고 자신이 직접 노래하거나 연주하는 동영상을 인터넷 플랫폼으로 공유하는 등의 일은 이제 더 이상 특별한 재능을 갖춘 사람들에게만 허락되는 것이 아니다. 관습적 의미의 '예술가'는 아니지만 일상에서 예술을 실천하는 사람들, 즉 우리 모두는 '예술인간'homo artis이다.

'예술인간'이란 조정환이 자신의 최근 저서에서 탈산업화 사회가 탄생시킨 새로운 인간형을 가리키기 위해 쓴 용어다. 그에 따르면, 오늘날은 '예술인간의 시대'로 '누구나 예술가가 될 수 있는 시대'다. 이 시대는 우리에게 감성적 풍요를 안겨주고 있을까? 꼭 그렇지만은 않은 것 같다. 예술인간의 시대는 이전에는 상품이 될 수 없었던 감정과 상상력, 기분 등에 새롭게 경제적 교환가치가 부여되는 지식정보화 사회를 배경으로 하고 있다. 이 시대는 '창조경제'의 시대, "창조하지 못하는 자 먹지도 말라"는 암묵적 명령이 관철되는 시대이기도 하다. 평범한 개인에게 이러한 시대를 맞이하는 일이 그저 반가울 수만은 없다.

이전 시대라면 예술가가 도맡아주었던 창작의 고통을 이제는 우리 스스로 일상 속에서 느껴야 하기 때문이다.

텔레비전 서바이벌 오디션 프로그램은 예술인간이 처한 이러한 딜레마를 당혹스러우리만큼 노골적으로 보여 준다. 아마추어 음악가였던 평범한 참가자들이 프로그램 속 피 말리는 경쟁 속에서 창조하고 또 창조해야 하는 것이다. 오디션 프로그램은 직업 음악가를 향한 진입 문턱을 현저히 낮추는 효과를 가져왔다. 하지만 그러한 진입 장벽이 허물어지고 프로와 아마추어 사이의 경계가 흐려질수록 직업 음악가의 입지 또한 약화되기 때문에 그것은 일종의 제로섬 게임이 된다.

유명 연예기획사 대표들이 직접 심사에 나서는 지상파 오디션 프로그램도 있다. 이들은 각자의 기획사에 영입할 연습생들을 선발할 것이라는 의도를 프로그램 시작 때부터 명확히 드러낸다. 시청자들은 연예기획사의 연습생 선발 과정을 겸한 홍보의 시간을 무려 90여 분 동안이나 숨죽이며 지켜보게 되는 셈이다.

기획사와 방송 제작자, 그리고 시청자 사이에서 이런 식의 이해관계가 조율될 수 있다는 사실이 그저 신기하기만 하지만, 어쨌든 예술인간은 이쯤에서 다른 이름으로 불릴 필요가 있어 보인다. 그것을 오디션 인간으로 부르기로 하자.

예술인간은 자율적일 수 있지만 오디션 인간은 그렇지 않다. 예술인간은 스스로 듣지만 오디션 인간은 들려질 뿐이다. 누군가의 평가와 선택을 통해서만, 그리고 경쟁에서의 승리라는 비교 우위를 통해서만 존재 가치를 증명할 수 있는 존재, 그것이 오디션 인간이다.

오디션 인간은 대중음악의 본질과는 대체로 무관하다. 오히려 오디션 인간은 '제도적 예술'인 클래식 음악계에서 일찍이 출현했다. 클래식 연주자들의 길고 긴 프로필을 장식하는 화려한 콩쿠르 입상 경력은 오디션 인간으로서의 자기 증명이다. 최근 국내의 유명 오케스트라에서 모든 단원을 오디션 인간으로 길들이려 하는 것도 이 점에서 뜻밖의 일이 아니다.

오디션 인간은 신자유주의적 모범으로서의 경쟁력 있는 개인을 표상한다. 이러한 오디션 인간이 예술인간을 대체하려 들기 때문에, 이 시대의 감성은 활력을 찾기보다는 쉽게 피로감에 빠진다. '창조경제'라는 용어가 주는 불편함도 마찬가지다. 그것은 경제를 예술화한다는 구실로 예술을 경제화한다.

예술인간의 시대에 오히려 오디션 인간들이 득세하는 것은 무엇보다 예술이라는 개념이 깊이 오염된 탓이다. 돌이켜보면, 여러 세대에 걸쳐 한국의 제도는 예술가와 예술 작품을 점수로 키우고 점수로 평가했다. 그 결과 '예술적'이라는 말은 '고득점'과 거의 같은 뜻이 되었다. 그러니 어쩌겠는가. 제도가 가르쳐준 적 없는 '삶의 기술'을 독학한 예술인간이 '예술적'이라는 단어의 뜻을 제자리로 돌려놓아 주기를 바랄 수밖에. 그리하여 평범한 개인 사이의 예술적 소통이 자기 배려의 일상적 미학 속에서 빛나게 될 그날까지는 춘래불사춘春來不似春, 예술인간의 시대는 아직 예술인간의 시대가 아니라 오디션 인간의 시대일 것이다.

05 / 나라 사랑 노래, 아름답거나 추하거나

2011년 3월 12일, 이탈리아의 로마 오페라 극장에서 베르디의 오페라 「나부코」가 공연되었다. 3막의 유명한 합창곡 '가라 내 마음이여, 금빛 날개를 타고'가 막 끝나고 객석에서 앙코르 요청이 쇄도하자, 지휘자 리카르도 무티Riccardo Muti는 갑자기 객석을 향해 돌아서서 예정에 없던 짧은 즉흥 연설을 시작했다. 그는 '이탈리아 만세'Viva Italia!를 외쳤던 관객에게 합창곡 가사의 한 구절을 빗대어 담담한 어조로 다음과 같이 말했다. "이탈리아 만세라, 글쎄요. 이탈리아가 이런 식으로 간다면, 이 노래의 제목은 '아름답지만 잃어버린 조국'이 될 겁니다."

당시 부패와 성추문으로 얼룩진 베를루스코니 정권이 포퓰리즘적 세금 완화 정책으로 악화된 정부 재정 부담을 덜기 위해 문화예술 예산의 대폭 삭감 조치를 취한 데 대한 비판이었다. 이어서 무티는 관객을 향해 앙코르곡 합창에 동참해 달라고 요청했고 기꺼이 기립하여 노래하는 청중을 위해 오케스트라를 등지고 지휘하는 보기 드문 광경을 연출했다. 이 합창곡이 흔히 「히브리 노예의 합창」으로 불리는, 이탈리아인들의 비공식 애국가다.

실제로 1842년 초연 당시 작곡가 베르디는 오스트리아 지배 아래 있던 이탈리아 민중의 처지를 히브리 노예들의 합창에 투영했다. 하지만 베르디가 표현한 것은 맹목적 애국주의가 아니었다. 사회성 짙은 그의 오페라들은 사회적 개인이 가족애와 연인에 대한 사랑 등 실존적 갈등과 딜레마 속에서 지향하는 국가적(민족적) 명분을 표현하고 있으며 초기작인 「나부코」도 예외가 아니다.

이탈리아 통일 150주년을 기념한 이날, 오페라 공연에서 지휘자 무티는 베르디 식의 애국가를 어떻게 불러야 감동을 이루어낼 수 있는지를 음악가의 직관으로 알고 있었던 것 같다. 애국가, 즉 나라 사랑하는 노래는 국가를 향한 시민의 자발적 외침일 때만 아름다울 수 있다는 것을 말이다. 자칫 그 반대가 될 때는 추악한 노래로 전락할 수 있다는 것을 제국주의와 파시즘의 역사를 배운 이탈리아인들이라면 모를 리 없을 것이다.

나라 사랑하는 노래는 인류가 비교적 최근에 만들어 부르게 된 노래다. 한반도 사람들도 20세기 들어서야 그런 노래를 부르기 시작했다. 암울한 식민지 시기 독립군가가 그랬고 「올드랭사인」Auld Land Syne 곡조에 맞추어 부르던 애국가가 그랬다. 해방 이후 같은 가사에 다른 곡조로 부르게 된 지금의 애국가 또한 그렇다. 작곡가의 친일 행각이 밝혀져 적잖은 오점이 찍혔지만, 1960년 4·19혁명의 학생들도 1980년 오월 광주의 시민군들도 안익태 작곡의 이 애국가를 불렀다. 2002년 한일 월드컵 때도 시민들은 애국가를 불렀다. 월드컵의 애국가는 격이 떨어진다고 이야기할 사람이 있을지도 모르지만 그때의 애국가 역시 이상적 공동체를 꿈꾸며 불렀던 자발적 시민들의 노래라는 공통점이 있다.

하지만 애국가가 위와는 정반대 의미로 불렸던 기억이 있다. 영화 「국제시장」의 유명한 국기 하강식 장면은 그 집단적 기억을 풍자적으로 재현하고 있다. 주인공들이 부부 싸움까지 멈춘 채 가슴에 손을 얹고 가만히 선 채로 찡그린 표정으로 듣던 영화 속 그 애국가는 국가와 사회의 존재 의의를 묻고 요청하는 시민의 노래가 아니었다. 정반대로 시민의 자격을 억압적으로 심사하는 권력자와 관료들의 노래였을 뿐이다.

최근 여당에서 추진하는 이른바 '애국3법'에는 애국가를 국가國歌로 정식 제정하고 공적 행사에서 애국가 제창을 의무화하는 조항이 있다. 하지만 지금 이 시점에서 애국가와 애국심을 강조하는 저의를 의심하는 국민들의 시선이 어디서 비롯되는지 정치인들은 성찰할 필요가 있을 것 같다.

애국가는 국민이 국가를 호출하는 노래여야지 그 반대일 수는 없다. 애국가가 진정 '나라 사랑하는 노래'라면, 국가공동체의 위기 상황에서 더욱 애절하게 불릴 것이다. 세월호 참사 1주기, "이것이 나라인가!"라는 탄식 속에서도 한국의 시민들이 애국가를 부르지 않는 것은 그들에게 애국심이 없어서가 아니다. 국기 하강식 장면의 기억이 새겨진 애국가, "가만히 있으라"는 명령이 각인된 그 노래를 진도 앞바다를 향해서 차마 부를 수 없기 때문이다.

06 / '잔혹한 딸들'의 사회

딸들은 대체로 또래의 아들들보다 더 일찍 현실을 깨치는 것 같다. 여자아이들이 남자아이들보다는 좀 더 일찍부터 타인의 시선에 민감하게 반응하며 누군가로부터 평가받는 일에 더 익숙해지기 마련이라는 점이 한 가지 이유가 될 것이다. 또한 가정 내에서 자식들의 현실 적응을 돕고 그들을 바람직한 삶의 방향으로 조련하는 일을 아빠보다는 여전히 엄마가 주도하는 경향이 있다. 동성 멘토(엄마)의 지도를 받는 딸들이 아들들보다 '길들여지기에는' 좀 더 유리할 것이다.

오늘날의 엄마들은 이전보다 훨씬 더 높아진 사회적 성공의 가능성을 염두에 둔 채 확신과 결의를 가지고 딸들을 대한다. 언제부턴가 중·고등학교의 학력 경쟁에서도 여학생들의 전반적 우위가 두드러지게 나타난다고 하는데 그리 놀라운 일이 아니다. 전 지구화한 대중문화도 여성들의 현실 참여 의지를 고무하고 있다. 최근 제작된 디즈니 애니메이션의 여주인공들, 예컨대 「겨울왕국」Frozen, 2013의 여주인공들만 봐도 상황은 읽힌다. 마법으로 얼어붙은 누군가를 구출해 내는 것은 이제 남성이 아니라 여성의 일인 것이다.

여성적 섬세함이 요구된다고 하는 이 새로운 현실의 무대에서 엄마와 딸은 당당히 주인공으로서 만나게 된다. 하지만 산전수전 다 겪은 엄마는 이 사회가 여전히 남성 주도의 거칠고도 냉혹한 현실로 구성되어 있음을 알고 있다. 그래서 엄마들은 더 가혹하게 딸들을 조련한다. 여성적 섬세함은 치밀하게 계산된 차가운 합리성으로 바뀌어야 하는 것이다.

피 칠갑의 누아르 영화 「차이나타운」2014은 의도치 않은 블랙코미디적 방식으로 이러한 현실을 비춘다. 폭력 조직의 일원인 여주인공(김고은 분)에게 '엄마'라고 불리는 보스(김혜수 분)는 이렇게 말한다. "증명해 봐. 네가 아직 쓸모 있다는 증명." 이렇게 해서 우리 사회의 오이디푸스는 성전환한다. 부친 살해는 모친 살해로, 무의식의 금기는 무기력한 아빠가 아닌 냉정한 엄마를 향한다. 얼마 전 화제가 된 이른바 '잔혹 동시'가 엄마에 대한 딸의 무의식적 살의를 적나라하게 표현하고 있었던 것도 우연만은 아닐 것이다. 문제가 된 '학원 가기 싫은 날'이라는 동시 제목은 섬뜩하게 리얼하다. 아들들은 곧잘 PC방으로 샐 수도 있겠지만, 딸들은 가기 싫은 학원에 가서 엄마에 대한 무의식적 적의를 불태우는 것이다.

딸들에게 더욱 가혹한 현실은 자신의 능력이 아름다운 외모와 결합될 때만 이상적으로 발휘될 수 있다는 사실을 일찍부터 깨달아야 한다는 데에 있다. 일찍이 막스 베버Max Weber가 말한 자본주의 정신, '합리적 절제'의 정언명령은 여성들의 다이어트와 몸매 가꾸기에서 그 극점에 도달한다. 이미 수년 전에 여성 2인조 펑크밴드 '무키무키만만수'는 이 가혹한 현실에 대고 이렇게 울부짖었다. "왜 내가 이러고 있나. 그냥 잘살고 싶다오. 편히 잘살고 싶다오. 있는 그대로 살고 싶다오. 그게 그리 큰 꿈이었던가."

최근 화제가 된 박진영의 뮤직비디오 역시 이 잔혹한 딸들의 현실을 재현한다. 피트니스 클럽에서 운동 중인 여성에게 박진영은 다짜고짜 허리 사이즈와 히프 사이즈를 묻더니, 그녀의 아름다운 몸매에 대한 찬사와 함께 특정 신체 부위에 대한 자신의 도착적 취미를 수다스럽게 노래하다가 후렴구에 와서 이렇게 말한다. "어머님이 누구니. 도대체 어떻게 너를 이렇게 키우셨니."

'어머님'이라는 단어가 만들어내는 일종의 소격 효과로 인해 뮤직비디오 속 섹시한 '여자'는 다시 누군가의 '딸'이 된다. 이쯤 되니 드는 생각이 있다. 이 사회가 진정으로 요구하는 것은 '여자'가 아니라 '딸'이 아닐까? 염색체를 통해 나뉘는 생물학적 성구별로서의 '딸'이 아니라 어떤 가혹한 요구에도 인내하고 순응하며 사회적 시선을 내면화하여 냉정하게 성공을 모색하는 인간형으로서의 '딸.' 그러니 엄마와 딸의 득세가 곧바로 여성해방이나 역사의 진보를 의미하는 것은 아니다. '음란서생' 분위기를 풍기는 박진영의 '어머님이 누구니'라는 물음이야말로 이 고색창연한 21세기, 잔혹한 '딸들'의 사회를 여과 없이 비추어 보이는 듯하다.

07 / 전염과 공명

수년 전 싸이의 「강남스타일」 뮤직비디오가 세계적 열풍을 일으키고 있을 때, 이 소식을 다루던 외신 기사에서 '바이럴'viral이라는 영어 단어를 자주 볼 수 있었다. '바이러스성의', '전염성이 강한'과 같은 뜻을 가진 단어로 당시 「강남스타일」 뮤직비디오의 급속한 전파력을 가리키기 위해 쓰였다.

마케팅 분야에서 '바이럴'이라는 용어는 이미 친숙하다. 인터넷 동영상이나 개인 블로그, 사회관계망 서비스SNS 등을 전략적으로 활용하는 상품 홍보기술을 가리켜 '바이럴 마케팅'이라고 하는데, 말하자면 소비자 대중이라는 '숙주'에 상품 구매 충동을 불러일으키는 일종의 '바이러스'를 '전염'시킨다는 뜻을 내포하고 있다.

업계에서는 '바이럴 마케팅'이 소비자의 능동적 참여를 이끄는 새로운 홍보 방식이라고 자랑하지만, '바이러스'라는 은유가 암시하듯 '전염' 과정에서 능동적 인식과 참여가 이루어질 수 있는 여지는 많지 않다. 텔레비전 드라마나 예능 프로그램 속 '간접광고'PPL와 연동하여 시청자의 관심을 불러일으키는 식으로 그것은 더욱 치밀하게 의도된 수동적 소비를 조장한다. 많은 경우 대행업체를 통해 전문적으로 행해지는 일종의 여론 조작 내지는 댓글 조작으로 전락하기도 한다. 지난 대선에서 국정원의 일부 직원들이 자행한 '댓글 사건'은 '바이럴 마케팅'의 타락한 형태가 암암리에 공공의 업무 영역에까지 침투하게 된 사례라고 할 수 있을 것이다. 특정 대선후보에 대한 일방적 지지의 '바이러스'를 유포해 공무원의 정치적 중립 의무를 저버린 그들의 행위로 인해 우리 사회의 공공성과 민주적 가치는 크게 훼손되었다.

비유적 의미에서 '바이러스 유포'는 사실상 민주적 지향과 배치된다. 그것은 불특정 다수로부터 특정한 행위나 반응을 유도해 내기 위한 밀실의 전략을 전제하기 때문이다. 그것은 또한 상호 신뢰를 바탕으로 한 대화와 합의의 정신과도 거리가 멀다. 그럼에도 '바이러스'와 '전염'은 자본주의적 가치 증식의 효율성을 나타내면서 우리 삶의 전 영역을 지배하는 상상력의 한 가지 축으로 작용하고 있다.

문화예술 영역의 '대중화'에 대한 논리 역시 많은 경우 '바이러스'라는 은유적 상상력에 의해 지배당하고 있는 것처럼 보인다. 예컨대, '클래식 대중화'에서 암묵적 관건은 어떻게 더 많은 대중에게 '클래식 바이러스'를 '전염'시킬 수 있을 것인가 하는 것이다. 오래전에 방영되어 화제가 되었던 클래식 음악 소재의 텔레비전 드라마 제목이 「베토벤 바이러스」였던 것도 이 점에서 우연이 아닐 것이다. '대중화'라는 말에서 기실 더 많은 관객이나 청중의 확보에 대한 맹목적 의지가 읽힐 뿐이라면, 그것은 여느 영업사원의 마케팅 전략과 다를 바 없을 것이다. 실제로 문화예술의 공공성과 사회적·시민적 가치 같은 논점은 유료 관객 수나 예술감독의 연봉 액수와 같은 회계 장부의 수치에 가려지기 일쑤다.

한때 우리 사회는 치명적 바이러스인 '중동호흡기증후군'(메르스)의 유입과 확산에 적절히 대처하지 못한 채 혼란과 불안에 휩싸였던 때가 있었다. 하지만 한국인들은 어쩌면 메르스 이전에 이미 독한 '바이러스'에 감염되어 있었던 것인지도 모른다.

우리 사회에서 사적 이윤 추구를 위해 유포된 '바이러스'들은 개개인을 숙주 삼아 기생하며 공적 신뢰를 침식하고 무력화해 왔다. 그런 '바이러스' 유포의 장본인이기도 한 정부가 실제 바이러스가 유입된 위기 상황에서 시민들을 안심시키지 못하는 것은 어쩌면 당연하다 할 것이다.

음악에는 바이러스를 방불케 하는 강한 전파력이 있지만, 음악의 본질적 가치는 사실상 '전염'傳染이 아닌 '공명'共鳴에 있다. '전염'이 자신도 모르게 '바이러스'의 숙주가 되는 것을 의미한다면, '공명'은 사고와 인식의 패턴을 공유한 주체들 사이에서 이루어지는 대화와 설득, 그리고 타협의 목소리를 은유한다. 메르스 사태는 진정되었지만, 그때 겪었던 사회적 혼란의 교훈이 음악적 비유와 함께 기억되었으면 한다. '공명' 없는 '전염'은 '공멸'이라는 것.

08 / 음악 축제의 교환가치와 사용가치

"페스티벌이잖아요. 거기 오시는 분들은요. 즐기려고 오시는 거예요. 같이 놀 수 있는 걸 해줘야 돼요."「무한도전」의 '무도가요제' 코너에서 박명수가 한 말이다. 작곡가 파트너로 자신과 짝을 맺게 된 아이유가 느린 발라드 음악을 하고 싶어 하자 축제 형식의 '가요제'에서는 신나는 일렉트로닉 댄스음악EDM을 해야 한다며 특유의 '버럭' 개그를 보여 준 것이다.

위압적 태도로 아이유에게 '갑질'을 한다며 박명수를 비난하는 시청자들도 있었지만, 프로그램 속 박명수와 아이유는 시청자들의 서로 다른 감수성을 대변하는 일종의 '롤 플레잉'을 하고 있는 것처럼 보인다. 박명수의 주장이 결국 관철될 수 있었던 것 또한 그가 가요제, 나아가 음악 축제에 대한 좀 더 대중적 취향이나 관점을 대변하는 데에 성공했기 때문이라고 할 수 있을 것이다. 음악 축제를 즐기기 위해 신나는 음악이 필요하다는 박명수의 주장을 반박하기란 쉽지 않아 보인다.

2007년부터 홀수년에 개최되는 '무도가요제'의 인기는 지난 10여 년간 한국에서 급속도로 대중화된 음악 축제의 성장과 맥을 같이하고 있다. 최근 음악 축제는 대중음악만이 아니라 전통음악과 클래식 음악 등 음악의 전 분야에서 활발해지고 있다. 한국에서 음악 축제의 외적 성장이 두드러지게 나타나기 시작했던 2004년 무렵은 디지털 음원의 판매 수익이 음반 판매 수익을 앞지르게 된 시기이기도 하다. 이전 같으면 음반 제작과 판매에 집중됐던 자본이 이때부터 서서히 공연이나 음악 축제로 움직이게 됐다고 할 수 있다. 실력 있는 뮤지션들의 활용 가치를 높이는 데에 디지털 음원 판매보다는 대규모 라이브 공연이 좀 더 안전한 수단이 됐기 때문이다. 하루 티켓값만 15만 원을 육박하는 한국의 록페스티벌에서 '헤드라이너'라고 불리는 세계적 밴드들의 개런티는 1회 공연에 이미 수억 원을 넘고 있다고 한다.

음악 축제의 기획과 운영이 자발적 시민의 문화적 욕구보다는 외적인 제도 변화(예컨대 지방자치제의 정착)나 문화 산업 구조의 변화에 따른 자본 흐름에 따르는 경향이 있다는 점은 음악 축제의 체험을 유명 뮤지션의 실물을 확인하는 정도로 단순화하고 놀이동산이나 테마파크에서 얻는 오락적 체험과도 구별하기 어렵게 만드는 요인이 된다. '무도가요제'의 박명수가 음악 축제의 목적으로 잘라 말했던 '즐김'이라는 단어 속에는 물신화된 음악 축제 체험과 관련해 기획자와 참여자가 공유하는 심리적 강박이 담겨 있다. 축제 참가자들에게 가장 효율적인 방식으로 쾌락과 만족을 서비스해 줘야 한다는 식의 강박. 그것은 일상 너머를 꿈꾸는 축제적 상상이라기보다는 교환가치가 지배하는 우리의 일상에서 흔히 접하는 서비스 산업의 경쟁적 요구에 더 가까워 보인다.

일상으로부터 벗어나 삶의 본래적 의미와 자기 정체성을 돌아보게 해 주는 축제적 기능은 공연 예술로서 음악이 갖는 본질적 사용가치다. 음악 공연이 교환가치에 가려졌던 음악의 사용가치를 되찾고 일상 너머의 축제적 체험을 실현해 주기 위해서는 역설적이지만 먼저 음악 공연이 일상 속으로 들어와야 한다. 이 점에서 지난 7월 한 달간 국내외의 여러 도시에서 하우스콘서트 식의 소규모 공연을 400개 이상(국내에서만 전국적으로 180개 이상) 치러낸 '원먼스 페스티벌'을 의미 있는 음악 축제 기획의 하나로 꼽을 만하다. 점조직적 네트워크를 활용한 이 음악 축제는 우리 곁에 훌륭한 음악가들이 정말 많다는 사실, 그리고 음악적 체험을 함께 나누고 즐길 수 있는 공간과 청중은 그렇게 넓거나 많지 않아도 된다는 사실을 새삼 일깨워 준다.

축제적 체험에 대한 고정관념이야말로 가장 반反축제적인 것일지도 모른다. 장르와 규모의 차이에 따라 음악 축제가 추구하거나 목표하는 내용은 달라질 수 있지만, 중요한 점은 관습적 사고와 제도적 경계를 넘어선 심미적 경험을 수용하고 거기에 동참할 준비가 되어 있는가 하는 것이다. 그런 준비가 되어 있다면 '신나는 음악'이 아니더라도 음악 축제는 짜릿한 일탈의 즐거움을 안겨줄 것이다.

09 / "기쁘다 민자 언니 오셨네"

「강남스타일」의 인기를 정점으로 하는 케이팝 한류 붐에 맞춰 한국 대중음악사에 대한 조명이 최근 들어 더욱 활발하게 이루어지고 있다. 관련 서적 출간에서 박물관 개관까지 다양한 징후가 있는데, '김시스터즈'의 미국 진출기를 다룬 다큐멘터리 영화 「다방의 푸른 꿈」2015이 제천국제음악영화제의 개막작으로 선정된 것 또한 그와 같은 대중적 관심과 추세를 반영한다고 해도 좋을 것 같다.

한국 대중음악은 일제강점기의 식민지 문화에서 생성되고 발전했다는 업보가 있다. 그리하여 해방 후 오래도록 이 시기의 유행가는 '왜색' 논란으로 얼룩졌고 '뽕짝'이라는 경멸조의 별칭으로 불렸다. 대중음악의 초기 역사를 구제하려는 이들은 이러한 경멸의 시선을 거두는 데에 역점을 둔다. 피식민의 정치적 억압 상황에 처해 있었지만, 당시의 대중 예술가들은 나름의 자율성을 발휘하면서 식민지 조선의 민중과 공감의 공동체를 형성했다는 것이다. 대중음악의 생산자이자 수용자이기도 했던 이른바 '모던 걸'과 '모던 보이'가 왜색 취향만이 아닌, 제한적이나마 국제적인 감각을 갖추고 있었다는 점도 강조된다.

하지만 초기 대중음악의 근본적 토대가 식민적이었음을 부정하기란 쉽지 않다. 제국주의 일본은 식민지 조선을 주변부 소비시장으로만 간주했을 뿐 녹음시설이나 프레스 공장 등의 기반시설 투자에는 인색했다. 결국 일본의 패망은 음악 산업 자체의 붕괴를 의미했고 해방 공간에서 어려움을 겪던 대중음악인들은 한국전쟁이 발발하면서 더 큰 곤경에 빠졌다. 전쟁 이후에 미8군 무대에서의 연주가 한국 대중음악가들의 거의 유일한 안정된 생계수단이었던 것도 무리가 아니다. 이후로 한국 대중음악은 급속하게 미국 취향에 빠져들게 된다.

영화 「다방의 푸른 꿈」은 일제강점기와 한국전쟁기를 잇는 한국 대중음악의 초기 역사적 산물로서 김시스터즈에 주목한다. 1950년대 말 미국 라스베이거스의 쇼 무대에 진출하여 「에드 설리번 쇼」 같은 텔레비전 인기 쇼 프로그램에 단골 출연하기도 했던 김시스터즈의 화려한 일면을 추적하면서도 섣불리 그들의 '성공'을 확인하거나 기념하려 들지 않는 데에 이 영화의 미덕이 있다. 대신 10대 초반의 어린 나이에 데뷔하여 트럭에 실린 채 미군 천막 무대를 전전하던 전쟁터의 소녀들, 라스베이거스 무대에 진출해서도 음식과 언어 소통 문제로 눈물을 삼키며 고된 연습과 밤샘 공연을 견뎌내야 했던 벼랑 끝 낯선 땅의 소녀들을 담담하게 비춘다.

김시스터즈의 재능과 노력은 대단했다. 하지만 그들의 미국 연예 활동은 오리지널 히트곡이 사실상 전무하다는 데서 알 수 있듯이, '동양 소녀'에 대한 미국 관객의 이국異國 취미에 기댄 표피적 성공으로서 지나치게 포장하거나 과장해서도 곤란하다.

식민지 조선의 '모던 걸'과 '모던 보이'는 세간의 편견과는 달리 진지하고 사려 깊은 계층이었지만, 새로운 외래 문화에 대한 막연한 동경 속에서 종종 속물주의나 자기폄훼에 빠지곤 했다. 지금도 「강남스타일」의 해외 반응에 과도한 관심을 기울이거나 김시스터즈의 미국 진출에 과장된 역사적 의미를 부여하고자 하는 것이 혹시 그러한 취약한 식민적 주체성의 연장은 아닌지 성찰이 필요한 대목이다. 한국의 대중음악이 자신의 역사를 갖고자 하는 것은 당연하지만, 역사의 필요성은 기념을 위해서만이 아니라 성찰을 위해서이기도 하다.

「다방의 푸른 꿈」 개봉을 기념해 김시스터즈의 멤버 가운데 한 명이었던 김민자 씨가 고국을 방문했는데, 일흔네 살의 그녀가 홍대 앞 어느 지하 음악주점에서 한국의 젊은 여성 그룹들과 함께 무대에 선 공연이 인상 깊었다. '기쁘다 민자 언니 오셨네'라는 발랄한 제목을 단 그날의 공연은 여성 뮤지션으로서의 애환을 공유하는 이들이 반세기의 시간차를 훌쩍 넘어 정서적으로 연대한 일종의 '역사적' 굿판이었다. 그것을 기념도 성찰도 아닌 공감을 통한 제3의 역사 마주하기 방식이라고 할 수도 있겠다. 자신의 역사를 향해 새로운 세대들이 발휘하는 공감의 힘은 그 자체로 탈식민적이다. 광복 70년의 '모던 걸'과 '모던 보이'는 이렇듯 포스트모던하게 진화하는 중이다.

10 / 음악과 음학音學 사이

발음하기도 곤란하게 '지대넓얕'이라고 줄여 부르는, '지적 대화를 위한 넓고 얕은 지식'이라는 제목의 인기 팟캐스트 프로그램이 있다. 같은 제목의 시리즈 도서가 출판가의 베스트셀러 목록에 올라 있기도 하니 '지대넓얕 현상'이라는 말을 써도 좋을 듯하다.

「지대넓얕」을 최근 흔한 인문학 대중화 현상의 한 가지 산물로 간단히 요약 정리하고 가벼운 냉소를 던지기란 너무 쉽다. 하지만 팟캐스트라는 매체적 특성과 프로그램 진행 방식을 고려한다면 조금 다른 분석이 가능하다. 「지대넓얕」은 오히려 '넓고 얕은 지식'을 무차별 유포하는 인문학 대중화 현상의 아킬레스건을 노린다. 지식 그 자체의 전문성이나 권위를 통해서가 아니라 청취자들과의 지속적 상호 소통을 전제한 통섭의 주제 설정과 아마추어리즘에 입각한 합리적 토론의 실천을 통해서다. 물론 청취자들의 대리 만족에 그칠 가능성이 적지 않지만, 「지대넓얕」이 표방하는 '지적 대화'는 '지식 큐레이터'를 중심으로 지식 권력의 재편이 일어나는 디지털 환경에서 지식의 민주화와 관련한 새로운 실천적 잠재력이 있어 보인다.

음악 연구자로서 흥미로운 것은, 전문 분야를 가리지 않고 종횡무진 온갖 다양한 주제를 택해 논하는 「지대넓얕」에서 음악과 관련한 주제는 배제되어 금기 영역으로 남아 있는 듯하다는 점이다. 사실 음악처럼 '넓고 얕게' 향유되는 예술도 없지만, 음악은 거론하기에 매우 껄끄러운 예술이기도 하다. 가령, 팟캐스트 「지대넓얕」에서 음악을 주제로 다루게 된다면, 토론 과정에서 부지불식간에 고정 패널 각각의 문화적 정체성이 민감한 부분까지 드러날 가능성이 있다. 빅뱅이론이나 루트비히 비트겐슈타인Ludwig Wittgenstein의 철학이론을, 심지어 르네상스 미술과 바로크 미술의 차이를 알거나 모르는 것은 그 사람의 정체성에 대해 그다지 많은 것을 알려주지 않지만, 그 사람이 구스타프 말러의 교향곡이나 찰리 파커Charlie Parker의 비밥 재즈를 아는지의 여부는 상대적으로 많은 사적 정보를 담은 것으로 여겨질 수 있다. 음악에서 '안다'는 것은 곧 '좋아한다'는 뜻으로 해석되기 마련이기 때문이다.

요컨대, 음악에 관한 한 '애호의 언어'가 '지적 대화'를 대체하는 경향이 있다. 그래서 음악과 관련한 대화는 종종 "나는 이 음악을 좋아한다. 왜냐하면 이 음악이 좋기 때문이다"와 같은 자기 증명의 모순적 언어에 머문다. 여전히 제도적으로 굳건한 '클래식-대중음악-국악'의 장르 삼분법도 이런 언어 사용을 부추긴다. 이러한 제도적 구분을 선험적으로 전제한 상태에서는 "왜 좋은가?"라는 메타언어적 물음을 던지기 어렵다. 클래식은 '검증된 서양 고전이니까' 좋은 거고, 대중음악은 '인기가 있으니까' 좋은 것이며, 국악은 '우리 것이니' 좋은 거다.

더구나 음악적 지식을 대체한 애호의 언어들은 사회적으로 위계화되어 있어 뚜렷한 취향의 정치학을 이룬다. 예컨대, '클래식 음악에 대한 지식'을 얻는 것은 위계화된 음악 제도의 지식 권력 구조로부터 일종의 승인을 구하는 행위가 될 수 있다. 그것은 '클래식을 아는 사람'으로 인정받고자 하는 욕망, 더 나은 사회적 동아리의 일원이 되고자 하는 계층 상승 욕구와 관련된다. 음악적 지식이 이렇듯 애호의 감정과 관련된 자기 증명의 도구로 전락해 있다는 사실은 인문학적 지식의 도구화를 단적으로 보여 주는 사례다.

음악적 지식의 도구화가 거의 반세기 이상 유지된 결과, 우리는 텔레비전에서 '음학音學이 아니라 음악'이라고 호통을 치면서 음악에 대한 복잡한 사고나 고민을 일축하는 대중음악가들이나 기자회견장에서 자신은 "음악밖에 모른다"라며 말 대신에 피아노 연주를 들려주는 클래식 음악감독의 모습을 넋 놓고 지켜보게 되었다. 도구화한 지식을 넘어선 '지적 대화'는 지식의 제도적 토대까지 합리적으로 의심할 수 있는 데에서, 이를테면 "음악은 어떻게 '시민', '국가', '민족'의 상상에 기여해 왔는가?" "디지털 환경은 음악을 어떻게 변화시키는가?"와 같은 통합적 시각의 물음을 던지는 데에서 비로소 출발한다. 그것은 어쩌면 제도의 강박으로부터 자유로운 '넓고 얕은 지식'을 통해서만 가능한 일인지도 모른다.

11 / '쇼팽 콩쿠르'와 노력

최근 한국의 음악계와 문화계의 빅뉴스는 단연 피아니스트 조성진의 쇼팽 국제 피아노 콩쿠르 우승 소식이다. 온 국민이 함께 축하할 만한 일임이 분명하다. 실제로 세간의 반응과 관심이 뜨겁다. 결선에서 조성진에게 야박한 점수를 준 프랑스 심사위원이나 그의 연주 실력을 의심한 일본 피아니스트의 SNS에 보인 속류 민족주의적 반응은 차라리 전형적인 호사가들의 것이라 할 만하다. 그의 콩쿠르 실황 음반 예약 판매율이 아이유의 음반을 앞질렀다며 '아이돌을 넘어선 클래식 열풍'이라고 호들갑을 떠는 모습은 적잖이 새로운데, 품위를 내던진 음반업체의 상술에서 어떤 애절함 같은 것이 느껴지기도 한다.

압권은 어느 유력 일간지의 다음과 같은 기사 제목이다. "대견한 '21세 쇼팽' 내 아들도 저렇게 컸으면 ……." 과연 이 시대의 보수 세력을 대표하는 신문의 시각이라 할 만한데, 한편으로 정곡을 찌른다. 반세기 전에 피아니스트 한동일이 처음으로 국제 콩쿠르 우승 소식을 알린 이후로 클래식 콩쿠르의 표상은 우리에게 늘 그랬다. 그것은 성공한 음악가의 표상일 뿐만 아니라 서구화와 근대화, 스위트홈, 나아가 능력주의의 표상이기도 했던 것이다. 기적이 일어난 듯 콩쿠르 수상 소식이 전해지던 시절 꽃다발을 목에 걸고 카퍼레이드를 하는 콩쿠르 수상자의 모습이 일반인에게는 부럽지만 감히 넘볼 수 없는 영역에 있었다면, 지구화와 무한 경쟁의 21세기적 현실에서 상황은 달라졌다. 조성진과 '내 아들' 사이의 심리적 거리는 한 뼘 차이가 된 것이다.

지난여름 차이콥스키 국제 콩쿠르 바이올린 부문에 참가한 클라라 주미 강이 한동안 화제가 된 적이 있다. 4위라는 애매한 성적 때문이 아니라 이미 국제 콩쿠르 우승 경력이 있는 데다 세계적 음반사를 통해 데뷔 음반까지 발매한 스물여덟 살의 스타급 바이올리니스트가 굳이 콩쿠르에 다시 도전할 필요가 있었나 하는 문제 제기가 있었기 때문이다. 나이가 좀 더 적어서 그렇지 조성진의 경우도 사실상 마찬가지였다. 그도 이미 국제 콩쿠르 우승 경력이 있고 차이콥스키 콩쿠르와 루빈스타인 콩쿠르 3위 입상 경력이 있었다. 조성진이나 주미 강과 같이 이미 연주 실력을 공인받은 스타급 연주자들이 계속해서 더 지명도 높은 콩쿠르에서의 우승을 위해 매진해야 하는 이유는 그만큼 일류 클래식 연주자들 사이의 경쟁이 국제적으로 치열해졌고 만족할 만한 공연 무대에 설 기회는 제한돼 있기 때문이다.

2013년 젊은 '비르투오소'를 조명한 『월간 객석』과의 인터뷰에서 조성진은 음반 발매에 대한 기자의 질문에 다음과 같이 말했다. "아직까지 음반에 대한 생각은 없어요. 제안도 없었어요." 그리고 이렇게 덧붙였다. "사람들이 저를 보고 '주목받는 유망한 연주자'라고 하는데 누구한테 주목받는지 사실 잘 모르겠어요." 금수저를 물고 태어났다고 할지 모르지만 끊임없이 콩쿠르에 도전하고 연주 경력을 쌓아도 빛을 보기 어려운 클래식 연주자들의 처지는 전 지구적 자본주의 사회, 거침없이 진화하는 능력주의 사회에서 험난한 '스펙 쌓기'의 정글 속에 있는 이 땅의 다른 젊은이들과 다를 바 없다. 최고 콩쿠르의 우승으로 조성진은 마침내 최종적인 성공을 거둔 걸까? 이제는 음악가로서 편안한 길을 걸어갈 수 있을까? 그것은 아무도 모른다.

2012년 문화체육관광부가 전국 15세 이상 국민 5,000여 명을 대상으로 실시한 '문화향수실태조사'에 따르면, 문화예술 관련 지출 항목 가운데 클래식 음악회 관람의 비중은 2.7퍼센트에 불과했다. 콩쿠르 우승자들이 이러한 현실을 바꾸어놓을 수 없다는 사실을 지난 반세기 동안 확인했다면, 우리도 이제는 음악교육과 예술지원정책의 방향을 독일의 공립 음악학교 시스템이나 베네수엘라의 엘 시스테마 프로그램을 모델로 크게 변화시킬 시점에 이르지 않았을까. '내 아들'을 들먹이기보다 '우리 아이들'을 위한 음악을 생각하는 것이 미래의 조성진을 위해서도 더 중요한 일이다. 저 치열한 국제적 경연 무대에서 손에 멍이 들면서까지 '노력'을 거듭하는 한국의 젊은 클래식 연주가들을 계속해서 신자유주의의 표상으로 착취당하게 내버려 두는 것은 사실상 가혹한 일이다.

12 / 퓨전 시대의 전통음악

어린 시절 으스스한 옛날이야기를 다루던 텔레비전 단막극 「전설의 고향」에서 배경음악으로 선택되는 것은 즉흥적 수성가락에 대금 소리로 대표되는 한국 전통음악이었다.

드라마든 영화든 간에, '사극'史劇의 음악이 으레 다 그랬는데, 1990년대 후반과 2000년대 이후부터, 특히 「일지매」와 「다모」 등 이른바 '퓨전 사극'이 제작되면서 사극의 배경음악을 서양음악이 주도하는 변화가 이루어지기 시작했다. 한복을 입고 갓을 쓴 주인공들의 모습 뒤로 뉴에이지풍의 피아노 선율이나 웅장한 서양 관현악 사운드가 흘러나오는 것이 처음에는 어색했지만 시청자들은 생각보다 빠르게 적응해 갔다.

그 결과 이제는 사극에서 서양음악보다 전통음악을 듣기가 더 어려워졌다. 사극의 배경음악으로 전통음악을 고집하던 옛 시기가 '텍스트 안에서' 리얼리즘을 추구하던 시대였다면, 오늘날의 퓨전 사극의 시대는 '텍스트 밖에서' 시청자가 스스로 느끼는 리얼한 감각을 더욱 중시한다. 동시대의 시청자들에게 전통음악보다 서양음악이 훨씬 익숙하고 리얼하게 느껴지는 것은 당연하다.

최근의 사극 속 음악은 대중문화의 대세를 이루고 있는 리얼리티 예능 프로그램의 'DIYdo-it-yourself 정신'을 받아들이면서 한층 더 과감해졌다. 얼마 전 텔레비전 사극 미니시리즈 「육룡이 나르샤」의 한 장면에서 '땅새' 역의 배우 변요한이 직접 고려가요 「청산별곡」을 불러 화제가 되었다. 그가 부른 노래의 선율은 오래전 '대학가요제' 입상곡이었던 번안 가요 「가시리」의 선율로 원곡은 이스라엘 민요다. 텔레비전 사극 속 등장인물이 민요적 향취를 사실상 제거한 서양음악 양식과 창법으로 21세기 청중의 미감에 맞추어 직접 노래하는 모습(극 속에서 전통악기를 든 악사들이 침묵을 지키는 동안 노래의 2절부터는 피아노 반주가 흘러나왔다)은 이질적인 것들이 경계 없이 섞이는 퓨전의 문화와 자작 참여 문화의 결합이라 할 만하다.

사극에서 전통음악의 느낌을 훼손하는 한이 있더라도, 극중 배우가 직접 노래한다는 발상은 전통음악 그 자체를 소재로 다룬 극에까지 적용되고 있다. 영화 「도리화가」2015는 19세기에 판소리를 집대성한 신재효申在孝와 그가 키운 조선 최초의 여류 명창 진채선陳彩仙의 실제 이야기를 바탕으로 하고 있는데, 판소리를 전혀 배운 적이 없는 두 배우(류승룡과 배수지)가 일정 기간 레슨을 거친 뒤 목소리 대역을 쓰지 않고 직접 노래하도록 했다. 신재효 역의 류승룡이 부르는 「쑥대머리」가 낡은 유행가 선율처럼 들리고, 진채선 역의 배수지가 부르는 「사랑가」가 매끈하고 단순한 신민요 가락처럼 들려도 그게 무슨 대수냐는 태도로 영화는 일관한다. 결국 「도리화가」는 텍스트 안의 '리얼리즘'을 증발시키는 대신 텍스트 밖의 '리얼리티'만 남겼다. 말하자면, 그것은 '걸그룹 멤버 수지의 판소리 무한도전'과 같은 것이다.

오늘날의 예술 수용자는 그 어느 때보다 스스로 접근 가능한 실제적 체험과 감동을 요구한다. 이러한 실용주의적 요구가 정당한 만큼 판소리와 같은 전통 성악도 수십 년을 수련해야 공력이 드러나고 성음이 완성된다는 식의 전통적 사고를 극복하고 좀 더 가볍고 대중적인 접근을 유도할 필요가 있을 것이다. 하지만 예술에 대한 실용주의적 요구가 미적 체험의 물신화로 치달아서는 곤란하다. 종종 희화화되곤 하는 전직 대통령의 상투어법 "내가 해봐서 아는데"가 예술적 체험에 적용되는 데에는 뚜렷한 한계가 있다. 미적 체험은 거침없이 '익숙한 것'을 만들어가는 학습의 경험이 아니라 오히려 '낯섦' 그 자체를 느끼는 것, 즉 '타자와의 만남'에 그 핵심이 있기 때문이다.

전통음악은 '우리 것'이어서가 아니라 우리의 역사화한 신체가 낼 수 있는 '다른 소리'이기 때문에 중요하다. 익숙한 감성과의 결합이나 퓨전의 상상력이 중시될수록 전통음악의 다른 소리, 곧 낯섦이 동시에 주목되어야 한다. 최근 서양음악이나 대중음악의 적극적 수용을 통해 진지하고 활발하게 시도되고 있는 국악의 퓨전화 역시 익숙함을 빌려 역설적으로 드러내는 낯섦에 미학적 의의가 있다. 익숙함에 치우칠 경우에 '퓨전 사극'에서 전통음악이 사라지는 것과 같은 일이 '퓨전 국악'에서도 벌어질 수 있을 것이다.

13 / 크리스마스의 '음풍경'

몇 해 전부터 12월 거리에서 크리스마스캐럴을 듣기 어려워진 듯하다. 올해에는 여러 언론 매체에서까지 '크리스마스캐럴의 실종'을 쟁점으로 다루고 있는 걸 보면 막연한 인상이 아니라 객관적 사실인 모양이다. 오죽했으면 지난 9일에 문화체육관광부와 음악 저작권 단체들이 크리스마스캐럴의 저작권이 문제될 것 없으니 마음껏 틀어도 된다는 내용의 홍보자료를 배포했을까. 실제로 저작권 지불에 대한 걱정 때문에 거리의 상인들이 캐럴을 틀지 않는다는 진단이 있었고 이를 뒷받침할 만한 사실 정황도 있다. 그래도 문화체육관광부와 저작권 협회가 직접 나서서 해명까지 했으니 이제 거리에서 캐럴이 다시 힘차게 울려퍼지게 될까?

최근 음악 저작권 분쟁의 전제가 되는 토대적 조건은 만연한 디지털 문화다. 음반이 음악 산업의 주도적 매체였던 시대에는 사람들로 붐비는 거리나 상품 매장에서 공공연히 재생되는 음악이(이른바 '길보드' 불법복제 음악조차도) 음반 판매를 위한 홍보 효과를 발휘했다. 하지만 무형의 소리 그 자체에서 이윤을 얻어내야 하는 디지털 음원 시대에 이르러 상황은 달라지고 있다. 인터넷 가상공간에 비해 상대적으로 제도적 힘이 미치기 쉬운 현실의 공적 공간에서 음악 저작권 관련 규제는 앞으로도 더욱 심화될 수밖에 없을 것이다. 생활 소음에 대한 각종 민사 갈등이 불거지면서 최근 강화되고 있는 '소음·진동관리법' 역시 거리에 무차별 살포되는 음악을 제어하는 요인이라고 한다.

그렇다고 더 이상 사람들이 거리에서 음악을 듣지 않는 것은 아니다. 역설적이지만 지금은 그 어느 때보다 거리에서의 음악 청취가 폭넓게 이루어지는 시대이기도 하다. 거리의 사람들은 저마다 자신의 스마트폰에 연결된 이어폰을 귀에 꽂고 자기만의 '음풍경'soundscape 속을 거닌다. 스마트폰 사용자가 버튼으로 골라 듣는 음악들, 거의 한 세기 단위로 펼쳐진 디지털 아카이브의 음악 목록에서 '현재'라는 시간은 종종 상실된다. 드라마 「응답하라 1988」의 OST로 쓰인 동물원의 「혜화동」, 이문세의 「소녀」와 같은 수십 년 전 노래를 신곡처럼 듣는 이들의 평면화된 시간 감각과 개인화된 디지털 음풍경 속에서는 '지금이 크리스마스와 연말'이라는 사실은 별다른 고려 사항이 못 된다.

'음풍경' 개념을 제시한 머레이 셰퍼Murray Schafer는 이렇게 말한다. "어떤 사회의 일반적인 음환경은 그것을 탄생시키는 사회적 상황의 지표로 읽혀질 수 있으며, 그 사회의 경향과 앞으로 나아가야 할 방향에 대해 많은 것을 시사한다." 그렇다면 캐럴이 사라진 한국 거리의 음풍경은 어떠한 '사회적 상황의 지표'로서 읽을 수 있을까? 자본의 요구는 일상 속으로 스며들고 사람들은 고립된 자기 세계 속에서 주변을 돌아볼 틈이 없는 상황, 크리스마스의 정적은 이런 상황을 의미하지 않을까?

크리스마스에 대한 한국적 심상은 한국전쟁 이후 근대화와 산업화 초기 연말에 특별 보급되던 구호물품, 그리고 교회를 통로로 가난한 이웃들에게 전달되던 선물에서 비롯되었으며, 캐럴은 이러한 국가주의적 근대화와 서구화의 한 가지 배경음악이기도 했다. 하지만 이 과정에서 캐럴이 표상해 온 따뜻함의 정서가 상업화와 소비주의('크리스마스이브의 낭만' 같은 방식으로)에 포섭되어오면서 이미 오래전부터 그 의미를 상실했던 만큼 이제는 청산되는 것도 자연스럽거나 어쩌면 바람직한 일인지도 모른다.

그럼에도 캐럴이 실종된 조용한 크리스마스가 아쉬움을 주는 것은 이 디지털 시대에서 음악을 통한 공동체가 해체되고 있다는 사실을 새삼스럽게 환기해 주기 때문이다. 셰퍼는 청각을 "어느 정도 거리를 두고 접촉하는 하나의 방법", 즉 잠재적 촉각으로 간주한다. 우리는 특별한 음악을 함께 들을 때 서로 손을 잡거나 포옹하는 듯한 일체감을 느낀다. 그 연원이야 어떻든 캐럴은 그런 일체감을 만들어내던 몇 안 되는 음악 가운데 하나였던 것 같다. 물론 그것이 꼭 캐럴이어야만 할 이유는 없다. 크리스마스와 연말에는 이어폰을 벗고 누군가와 함께 음악을 들을 수 있으면 좋겠다. '나눔'의 의미를 새기면서. 메리 크리스마스!

14 / 아이돌 공화국의 인권

싸우면서 닮아간다고 했던가. 보수정권 집권 이후 남북간의 갈등이 심화되면서 한국이 점점 북한을 닮아가고 있다는 느낌을 지울 수 없다. 북한을 한국과 동일 수준에서 비교하거나 심지어 '물타기' 하려는 것이 아니다. 오히려 북한 체제의 비민주성과 북한 주민의 낮은 인권 수준을 한국의 여러 현실에 대한 비판과 성찰의 바로미터로 활용할 수 있어야 한다는 뜻이다.

'종북' 역사교과서를 척결하겠다면서 오히려 북한식 전체주의 국정교과서를 도입하는 식의 모순적 사례들이 한국 사회에서 익숙하게 벌어지고 있다. 한국의 대중문화 또한 그에 뒤지지 않는다. 대표적으로 한국의 아이돌 문화는 고도의 자본주의 문화가 맹목적으로 효율성을 추구할 때 어떻게 북한식 전체주의 문화와 닮아갈 수 있는지를 잘 보여준다. 무엇보다 한국 아이돌 팝의 생산 시스템은 사회주의적 집단창작 시스템과 흡사한 형태로 가동된다. 여기에 개인의 자율성이 개입할 여지란 거의 없다.

자본주의 대중문화가 으레 그런 것 아니냐는 점잖은 반론은 한국 아이돌 산업 구조의 특수성을 간과하는 데서 비롯된다. 한국의 아이돌 산업은 길게는 10년에 이르는 장기 계약과 이성 교제 같은 개인 사생활을 금지하는 등 인권침해 요소가 다분히 전제된 불공정 전속계약시스템에 의지해 발전해 왔다. 2000년대 초반까지만 해도 MBC 「PD수첩」 같은 비판 언론에 의해 '노예계약'으로 고발됐던 이러한 계약 관행은, 헨리 젠킨스Henry Jenkins가 말한 '컨버전스 문화'Convergence Culture로 급변하는 미디어 환경 속에서 '케이팝'과 '한류'의 글로벌 경쟁력을 만드는 데 기여함으로써 서서히 '선진적' 계약시스템으로 인식 전환하는 데에 극적으로 성공했다. 소속사에 전권이 부여되는 한국식 계약시스템이 아니라면, 예컨대 '걸스데이'의 혜리가 걸그룹 공연 활동과 함께 텔레비전 예능 출연, 드라마 연기 활동까지 효율적으로 병행하기란 사실상 불가능할 것이다. 상황이 이렇다 보니 최대한 대중 앞에 노출될 기회를 갖고 싶은 아이돌 스타 지망생들은 소속사 대표의 손에 기꺼이 제 몸의 사용권을 내맡기는 것이다.

이로써 한국의 아이돌 산업이 선진적이라 자부하는 스타 육성시스템은 역설적으로 관료화된 사회주의 예술교육시스템과 닮아간다. 중소 기획사의 열악한 환경에서 장기 합숙생활을 불사하며 평균 4~5년 이상을 버티곤 하는 이른바 '연습생'들의 생활방식은 북한식 사회주의 그 자체라고 해도 과언이 아니다. '성공'을 위해, '꿈'을 위해, '노력'하고 또 '노력'하라는 정언명령은 그들에게 맹목의 이데올로기가 되어가며, 그 명령의 주체는 각자의 내면에 있기보다 소속사 대표로 인격화되고 권위주의적으로 우상화된다. 언젠가 SNS에 공개돼 화제가 된 유명 기획사 대표의 '지시사항' 문건에서 연습생들에게 요구된 제일 명령은 "소속 가수들 및 직원 분들을 보면 90도로 큰소리로 인사하도록 해라"는 것이었다.

아이돌 산업에 관한 한 한국의 기업과 방송은 이미 전체주의적으로 통합됐다. 유력 연예기획사 대표들은 공중파 방송에서 시즌별로 수개월 동안 진행되는 오디션 프로그램을 자회사 홍보와 사실상의 신입사원 공개 채용으로 사유화한다. 엠넷에서 현재 방영되고 있는 「프로듀스101」이라는 프로그램은 그 결정판이라고 할 만하다. 시청자들은 50여 개의 기획사들이 위계적 구조 속에서 연합해 벌이는 공개 채용과정(사실상 인턴사원 해고 과정)에 자발적으로 참여하고 있는 것이다. 어떠한 악의적 편집에도 문제를 제기할 수 없다는 등의 독소 조항이 담긴 방송사와의 '노예계약서'가 공개돼 파문이 일었지만 이내 아무 일도 없었던 듯 프로그램은 여전히 높은 시청률을 기록하고 있으며, 101명의 '연습생'들은 매주 탈락과 좌절의 위협 속에서 출연료 한 푼 받지 않는 사회주의적 노동을 감수하고 있다.

평범한 10대들 다수가 자신의 일상적 태도와 정서적 모델을 아이돌 스타로부터 구하는 이 아이돌 공화국에서 그것은 북한식 국정교과서 도입만큼이나 무서운 일이 아닐까? 끝없이 지연되는 '성공'의 꿈에 가둬진 잠재적 아이돌 지망생들의 인권침해를 일상화하고 있는 저 거대한 권위주의적 구조를 용인하고 내면화하며, 심지어 즐기기까지 하는 우리 자신의 모습이 말이다.

15 / 알파고의 시대, 능력 주체를 넘어서

프로 바둑 9단 이세돌 기사가 처음 인공지능 알파고의 바둑 도전을 수락하면서 전승을 자신했을 때, 사람들은 '같은 인간으로서' 그를 응원하면서도 내심 불안한 감정이 있었으리라 생각한다. '저렇게 자신만만해도 되는 걸까?' 나는 바둑을 잘 모르지만, 인문학 분야의 번역 작업을 떠올리며 이세돌의 자신감을 이해할 수 있었다. 가령 구글번역기가 상당히 정교해졌다고는 하지만, 인문사회 분야의 복잡한 영어 문장을 번역기에 입력해서 얻은 한글 번역 문장은 여전히 읽어주기 힘든 수준이다. 만약 구글번역기가 내게 번역 작업에 대해 도전장을 내밀었다 해도 나는 이세돌과 비슷한 반응을 보였을 것 같다.

이세돌이 알파고와 첫 대국에서 패배하여 느꼈을 당혹감 역시 나는 그와 같은 식으로 상상해 볼 수 있었다. 예컨대, 그것은 구글번역기가 에드워드 사이드의 복잡하고 미묘한 영어 문장을 나보다 더 매끈하고 이해하기 쉬운 한글 문장으로 옮겨냈을 경우에 겪게 될 충격과 비슷하지 않을까?

실제로 구글의 개발자들은 최근 알파고의 딥러닝 기술을 구글번역기의 혁신적 기능 개발을 위해 도입하겠다고 선언했다. 일말의 의구심은 남지만, 바둑의 천문학적 경우의 수를 파악하여 프로 9단 이세돌을 압도할 정도의 인공지능 기술이 적용될 경우에 번역의 완성도를 인간 수준으로 높이는 것도 시간문제라는 생각이 든다. 번역 역시 문장의 복잡성에 따라 경우의 수가 크게 늘어날 뿐인, 서로 다른 언어 사이의 통계적 치환 작업일 수 있기 때문이다. 문학적인 은유나 수사법적 표현의 경우도 대부분 관용적 어법의 테두리 안에서 선택되기 마련이다.

흔히 인공지능이 예술과 감성의 영역은 넘볼 수 없으리라고 예단하고는 하지만, 영화나 미디어아트를 비롯하여 음악의 경우에도 알파고와 비슷한 존재는 오래전부터 이미 익숙하게 받아들여지고 있다. 종종 의식되지 않는 듯 하지만 음악만큼 첨단 기술의 변화에 민감하게 반응하고 이를 거리낌 없이 수용해 온 예술 분야도 사실상 없을 것이다. CD에서 MP3, 그리고 온라인 스트리밍에 이르기까지 음악 매체의 디지털화가 오래전에 완결되었다는 사실은 둘째로 치더라도 오늘날 작곡이나 편곡, 연주와 녹음에 이르기까지 직업적 음악 생산의 전 과정에서 이른바 '약한 인공지능'으로서의 컴퓨터 작업이 개입하지 않는 경우란 사실상 없다. 인간을 대체한 인공지능 로봇이 등장할 미래에 대해 걱정하곤 하지만, 컴퓨터 가상 악기의 라이브 무대 투입으로 오케스트라 연주자들이 대거 해고되는 사태 때문에 브로드웨이 뮤지컬계에서 한창 논란이 벌어졌던 게 벌써 10여 년 전의 일이다.

이러한 초보적 인공지능 음악가들에 맞서는 방법 가운데 하나는 더 우월한 천재성과 연주력을 갖춘 인간을 내세워 이에는 이, 새로운 기술적 '능력'에 맞서는 인간의 한 단계 높은 초인적 '능력'을 과시하는 전략이다. 콩쿠르 등의 제도를 통해 초절기교로 무장한 연주자들을 키운 지난 한 세기 동안의 전략이기도 하지만, 인간의 음악 정신과 예술 정신을 불필요한 긴장 속에 빠져들도록 한 것은 아닌가 하는 생각도 든다. 이제 본격 인공지능의 등장으로 바둑 천재 이세돌도 무릎을 꿇은 마당에 예술과 음악에서도 능력과 경쟁, 기능과 성능에 앞선 예술 본연의 유희 충동으로 되돌아갈 것을 고민해야 할 시점이다.

이를테면, 인간이 구글번역기와 번역 능력을 경쟁하려 들기보다는 녀석의 실용적 기능을 빌려 한껏 용이해진 국제적 소통의 폭을 넓히는 대신에 한동안 잃어버렸던 언어의 유희를 되찾는 것이다. 옛사람들은 노래를 '영언'永言, 곧 길게 늘인 말이라고 했다. 구글번역기 덕분에 우리도 다시 길게 말을 늘여 일상을 노래할 수 있는 여유가 생길지도 모른다고 기대하면 섣부른 망상일까? 알파고의 시대가 열어준 인간성에 대한 성찰은 '능력 주체'에 대한 성찰로 이어져야 한다. 만일 인공지능이 인간의 예술을 흉내 낼 수 없다는 말이 옳다면, 그것은 예술적 인간이 가진 '능력' 때문이 아니라 그 반대의 무엇 때문일 것이다. 미학자 크리스토프 멘케Christoph Menke가 역설적으로 말하듯 예술적 주체가 할 수 있는 것은 '할 수 있음'이 아니다. 그는 기능 없음, 곧 '할 수 없음'을 할 수 있다.

16 / 사투리, 그렇게 좋은 것을

언젠가 차 안에서 라디오를 틀었다가 광주 지역 외국어 라디오방송 프로그램의 '전라도 사투리 배우기' 코너를 듣게 됐다. 장난기에 그치는 예능 코너라기보다는 지역 문화를 이해한다는 목표의식이 드러나는, 유쾌하지만 진지한 코너였다. 진행자들은 모두 영어가 모국어인 듯했는데, 외국어 수업과 음악 수업의 경계에서 이루어지는 이 기묘한 학습 풍경이 진지한 만큼 웃음을 자아냈다. 혼자서 미소를 지으며 방송을 듣다가 어느 순간 낯선 미학적 감흥에 빠져들었다. 그들이 애써 모방하는 전라도 사투리가 새삼 아름답게 들렸던 것이다.

사투리를 '촌스럽다'고 느끼는 것은 문화적으로 학습된 반응임이 분명하다. 처음부터 사투리인 언어는 없기 때문이다. 사투리는 근대화 과정에서 정치적으로 형성된 '중심-주변'의 이분법적 구도 속에서 호명된다. 하지만 지구적으로 시야를 넓히면 그러한 정치적 구도는 흐려지거나 다른 양상으로 포착될 수 있다. 외국어 방송의 전라도 사투리가 아름답게 들린 것은 이러한 '지구화'의 문화적 효과와 연관될 것이다.

자신이 사용하는 언어를 스스로 '촌스럽다'고 여기는, 사투리를 둘러싼 정서의 식민화 현상과 관련해 음악은 흥미로운 관찰거리다. 영화 「해어화」2016의 중심 소재를 이런 문제와 관련해 볼 수 있다. '조선 최후의 기생 이야기'를 표방하는 이 영화는 모더니티의 충격 속에서 한국 전통음악이 변방의 음악언어로, 곧 음악적 '사투리'로 전락하면서 20세기 내내 시달려온 문화적 열등감을 다루고 있다. 식민지 경성의 권번에서 한국 전통 가곡을 전수받은 주인공 소율(한효주 분)이 권번의 단짝 연희(천우희 분)가 유행가수로 성공하는 모습을 보면서 극심한 열등감과 질투심에 빠져 파멸에 이른다는 줄거리다. 그런데 소율의 비뚤어진 인정 욕구는 현재의 시점으로 돌아와 보상받게 된다. 마지막 장면에서 방송국 PD의 인정을 받은 늙은 소율은 후회 속에서 이렇게 말한다. "그렇게 좋은 것을, 그땐 왜 몰랐을까요?"

소율의 가곡 창법에 연희의 유행가 창법과는 다른 미적 가치가 있었다는 것을 "이제야 알았다"라고 영화 「해어화」는 결론 삼아 말하고 있다. 여기에는 최근 문화적 지구화의 흐름 속에서 한국 전통음악이 세계적으로 인정받고 있다는 자신감이 배경으로 작용하는 듯하다. 실제로 2003년에 판소리가, 2010년에 영화 속 소율이 부르는 전통 가곡이 유네스코 지정 세계무형유산으로 등재됐다. 다른 한편 '월드뮤직' 시장이 형성된 1990년대 이래로 한국의 젊은 전통음악인들의 참여가 속도를 내면서 최근 들어 세계 음악 시장에서 존재감을 드러내기 시작하고 있다. 이 점에서 영화 속 주인공의 이름 '소율'에서 미국 대중음악 장르 명칭인 '소울'이 연상되는 것도 우연만은 아닐 것이다.

삼성이 한국 기업이라는 점이 더 이상 크게 의식되지 않듯이, 지구화의 흐름은 기존의 근대적 국민국가 시스템이 형성한 '중심-주변'의 정치적 구도를 해체·재편하고 있다. '지구화'가 역설적으로 '지역화'를 추동함으로써 '지구 지역화'가 논의되는 것도 이 때문이다. 앞서의 외국어 라디오방송에서 전라도 사투리가 촌스럽지 않게 들렸던 것처럼 한국의 전통음악 언어 또한 이러한 '지구 지역화'의 부쩍 넓어진 시야에서 재발견되고 있다. 그것은 젊은 문화 수용자들의 편견 없는 태도와도 결합된 문화적·미학적 가능성이지만, 아직은 잠재성이나 착시효과에 머무는 것도 사실이다. "그땐 왜 몰랐을까요?"라는 성찰적 물음이 "외국인들이 저렇게 인정하는데"라는 탄식에 머물거나 국수주의적 자부심으로 회귀한다면 말이다. 그것은 사실상 영화 「해어화」 속 소율의 왜곡된 인정 욕구와 다르지 않다.

모든 지역 언어가 온전히 촌스러움의 멍에를 벗는 날, 비로소 전통음악을 비롯한 한국의 전통 문화도 고유한 미학적 차원을 회복하지 않을까? 그 '촌스러움'과 열등감 형성의 정치적 메커니즘이 사실상 동일하기 때문이다. 모든 언어는 제 나름의 표준어일 수 있다는 것이 지구화 시대의 미학적 평등을 위한 실천적 명제일 수 있다. 돌이켜보면 전라도 사투리는 판소리의 표준어가 아니던가.

17 / 「님을 위한 행진곡」, 민주적 '합창'을 위하여

최근 몇 년간 5·18민주화운동 주간 때마다 음악 용어 때문에 어리둥절해진다. '5·18민주화운동기념식'에서 「님을 위한 행진곡」을 '합창'하는 것은 좋지만 '제창'하는 것은 허용할 수 없다는 보훈처의 반복되는 입장 표명 때문이다. 여기서 '합창'과 '제창'의 차이는 뭘까? 보훈처 홈페이지 게시판 자료에 따르면, 기념식에서 "참여자에게 의무적으로 부르게 하는 것"이 '제창'齊唱인 반면에, "합창단이 합창하고, 부르고 싶은 사람은 따라 부르고, 그렇지 않은 사람은 부르지 않을 수 있도록" 하는 것이 '합창'合唱이라고 한다. 보훈처가 조선 시대의 음악 관장 기관인 장악원掌樂院처럼 느껴지는 대목이다.

'5·18민주화운동기념일' 같은 보훈처 지정 국가기념일은 총 45개다. 이들 기념일에 거행되는 기념식에서 「애국가」를 포함한 기념 노래(「현충일의 노래」, 「개천절 노래」, 「4·19의 노래」 등)는 대부분 보훈처 식으로 '제창'된다. 그런데 기념식의 '제창'에서 '의무적으로' 노래를 해야 하는 이들이란 일반 참석자들이라기보다는 기념식의 VIP들, 더 정확히는 기념식 중계 카메라에 포착돼 대중에게 노출될 가능성이 있는 정·관계의 귀빈 참석자들이다. '제창'이냐 '합창'이냐가 예민한 문제가 되는 것은 이 때문이기도 하다. 예컨대, 취임 첫해였던 2013년에 처음이자 마지막으로 '5·18 기념식'에 참석한 박근혜 대통령은 「님을 위한 행진곡」을 따라 부르지 않았고 그런 모습이 카메라에 담겨 언론에 소개되기도 했다. 보훈처의 의미 규정상 '제창'이었다면 문제가 될 수 있는 상황이었다.

그런데 「님을 위한 행진곡」의 기념곡 제정과 '제창 허용'을 요구해 온 이들도 냉정히 따져볼 필요가 있다. 보훈처가 규정한 의미의 '제창'은 과연 「님을 위한 행진곡」이라는 노래의 역사적 의미에 부합할까? "참여자에게 의무적으로 부르게 하는 것"이라는 의미의 '제창'은 적절한 영어 번역어조차 찾기 어려운 비민주적이며 비음악적이기까지 한 용어다. '제창'이 정말 그런 뜻이라면 과감하게 버려야 한다. '합창'이면 족하다.

제창을 합창으로, 예컨대 '애국가 제창'을 '애국가 합창'으로 바꿔 쓴다고 문제될 것은 조금도 없다. 일제강점기 임시정부의 활동을 기록한 『독립신문』에서, 해방 이후 건국의 벅찬 희망 속에 서술된 『동아일보』 등의 신문기사에서 '애국가 합창'이란 표현은 수없이 등장한다. 근대 시민 민주주의의 음악적 표상인 베토벤 9번 교향곡의 부제도 한글 용어로 옮기자면 '제창'이 아니라 '합창'이다. '합창'에는 색깔이 다른 목소리들을 함께 맞추어 간다는 민주적 의미가 담겨 있는 반면에, '기미가요 제창'을 연상시키는 '제창'은 일제강점기와 군사독재 시기를 지나면서 획일적 군국주의와 국가주의에 오염됐다. 요컨대, 모든 국가 기념식의 기념 노래에 대해 '제창'을 없애고 '합창'으로 용어를 단일화한다면, 「님을 위한 행진곡」 논란도 자연스럽게 종식될 것이다. '국론 분열'에 대한 음악학적 해법이다. 기념식의 기념 노래를, "부르고 싶은 사람은 따라 부르고, 그렇지 않은 사람은 부르지 않을 수 있도록" 하는 것은 민주사회에서 사실상 당연한 일 아닌가. 다만, '5·18 기념식'만이 아닌 모든 기념식 노래에 이 '합창'의 규정이 일반적으로 적용될 수 있다면 말이다.

음악이나 노래는 정치에 대한 단순한 장식물이 아니라 정치 그 자체다. 1980년대에 대학가에서, 집회와 시위 현장에서, 나아가 일상의 여러 순간에서 이전과는 다른 새로운 음악적 의미가 만들어졌으며, 그 진지한 음악적 의미화 과정은 대부분 5·18의 기억과 결부돼 있었다. 이 시기 '대통령 직접선거 개헌'과 절차적 민주주의를 성취한 대한민국 시민들의 정치적 역량을 총체적으로 상징하는 노래가 「님을 위한 행진곡」이다. 여느 기념곡들처럼 기념식의 귀빈들이 악보를 손에 쥐고 우물쭈물 '제창'하게 되는 노래가 아니다. 자유와 민주를 향한 시민들의 자발적 '합창'의 기억을 담고 있는 노래로서 「님을 위한 행진곡」은 5월 광주의 시민들이 도청 앞 광장에서 부르던 '애국가'와 닮았다. 두 노래의 가창 방식이 다르지 않아야 하는 이유다.

18 / 음악회의 '우리'

매년 여름 국립극장에서 열리는 '여우락樂 페스티벌'이 있다. '여우락'은 '여기, 우리 음악이 있다'를 줄인 말이다. 올해로 7회째를 맞은 이 음악 축제는 한국 전통음악을 소재로 하고 있음에도 믿기 어려운 수준의 유료 객석 점유율을 자랑한다. 초창기부터 양방언 등과 같은 대중적 음악가들을 내세워 축제의 성격을 크로스오버와 퓨전에 맞추고, '여우톡' 같은 프로그램으로 관객의 접근성을 높였다. 장르 혼합 시도는 올해 더욱 과감해져 재즈 연주자들은 물론 송창식과 같은 대중음악가들, 심지어 서울시향 부지휘자 최수열이 지휘하는 클래식 앙상블 무대까지 수용했다.

이쯤 되면 이 축제의 성공을 '국악國樂의 대중화'라는 식으로 수식할 일이 아니다. 오히려 '국악'이라는 용어가 시효를 상실했음을 알리고 있다고 보아야 할 것이다. 이제 남은 것은 이 축제가 표방하는 '우리 음악'이 무엇인가 하는 물음이다. '우리 음악'이 단지 관습적 의미의 '국악'이 아니라면, 이 물음은 적잖이 복잡하고 민감하며 정치적이기까지 하다. 그것은 다양한 장르의 음악인들에 의한, 말하자면 '음악적 시민권'에 대한 자기주장의 문제이기 때문이다.

여우락 페스티벌의 일환으로 지난 7월 26일에 열렸던 '작은 밤의 노래'는 이 점에서 흥미로웠다. 지휘자 최수열이 이끌었던 이 음악회는 클래식 음악이 '우리 음악'이기 위한 조건을 묻고 있었다. 다음과 같은 새삼스러운 물음들이다. 대금으로 슈베르트를 연주하면 '우리 음악'인가? 실내악 앙상블로 편곡된 아리랑을 연주하면? 여기에 적잖이 파격적인 물음이 더해졌다. 전통 가곡 창자가 클래식 '현대음악'을 협연하면 '우리 음악'인가? 이 물음을 던지기 위해 벤저민 브리튼Benjamin Britten의 연가곡 형식의 실내악 작품 「테너와 혼, 그리고 현을 위한 세레나데」에서 네 곡을 뽑아 가사를 한글로 번안했다. 그리고 일찍이 전위적 퍼포먼스를 통해 전통 가곡의 '현대음악화'를 실험해 온 여성 가객 박민희가 목소리 협연의 주인공으로 나섰다. 그것은 전통음악 재료를 이용한 평범한 창작 음악보다도 한층 더 위험하고 급진적인 크로스오버 연주 실험이라 할만 했다.

이날 음악회의 클라이맥스로 기대됐던 이 흥미로운 연주 실험은 유감스럽게도 만족스러운 결과를 만들어내지 못했다. 박민희가 부르는 브리튼의 노래는 악보에 기록된 난해한 음표들을 읽어내는 데 급급해 전통 가곡의 우아하고 아름다운 성음을 살리기에는 역부족으로 보였다. 하지만 그것은 다른 의미에서 예술적 진실을 드러내는 것이기도 했는데, 음악의 현대성과 진정성은 매끈하게 마름질된 성공보다는 미학적으로 예정된 실패를 통해 드러나기 마련이기 때문이다.

제도적으로 규정된 '국악'과 박제화된 '전통'만이 '우리 음악'으로 여겨졌을 때는 차라리 편했다. 여우락 페스티벌은, 나아가 최근 한국의 전통음악계 일반은 거침없이 크로스오버와 퓨전, 그리고 대중화의 길을 선택함으로써, 말하자면 판도라의 상자를 연 셈이 되었다. 문화적 전 지구화 상황에서 새롭게 정체성 정치에 직면한 한국의 젊은 음악가들, 클래식까지 포함하여 재즈, 블루스, 포크, 록, 그리고 온갖 종류의 에스닉 음악의 뮤지션들이 '우리 음악'을 위한 시민권을 요청해 오고 있다. 이렇듯 '국민의 음악'(국악)이 아닌 '시민의 음악'(우리 음악)에 대한 광범위한 문화적 요청을 확인하게 해준 데에 여우락 페스티벌의 적지 않은 의의가 있다.

하버마스가 말한 근대적 '문예공론장'으로서의 공공 음악회는 시민적 주체의 자기 탐구를 위한 공간이다. 여우락 페스티벌은 저렴한 가격의 티켓이 한 등급으로 일원화돼 있다. 어떤 공감과 공통의 것을 창출하면서 '우리'를 그려볼 수 있을 것인가? 공공 음악회의 미학적·인류학적 가치 중의 하나는 이런 질문을 은유적으로 다루는 데 있다. 현실에서 개 돼지 취급받는 한국인들이 가상으로나마 '우리'라는 이름의 평등한 공동체를 체험해 볼 수 있는 것은 음악회와 축제에서뿐이지 않는가.

19 / '근대화 슈퍼'와 공동체 오케스트라

박정희 정권 말기였던 어린 시절에 '근대화 슈퍼'라는 간판을 단 상점을 동네에서 자주 볼 수 있었다. 당시 '근대화'는 '새마을'이라는 구호와도 짝을 이루는 국민적 과제로 제시되었다. "새벽종이 울렸네, 새 아침이 밝았네"로 시작하는 「새마을 노래」를 거의 매일 방송과 야외 스피커를 통해 듣던 시절이었다. 이 노래의 2절은 "초가집도 없애고, 마을길도 넓히고"로 시작하는데, 그렇게 초가집을 허문 자리에 콘크리트 양옥의 '근대화 슈퍼'가 들어섰던 셈이다.

서양 클래식 음악, 특히 서양 오케스트라는 '근대화'에 대한 시청각적 모델을 구체화하여 제시했다. 그것은 카리스마 있는 지도자가 제시하는 미래의 청사진에 따라 일사불란하게 한목소리로 전진해 가는 모습이었다. 여기서 클래식 음악과 서양 관현악을 실제로 즐기느냐는 둘째 문제다. '근대화'에 대한 선망을 가진 이들에게 그것은 음악이라기보다는 이상향을 묘사한 그림과도 같은 것이었다. 합리적이고 총체적인 계획(지휘자의 총보) 아래 개인에게 주어진 분업화된 업무들(단원들의 파트보)을 묵묵히 수행하는 모습, 그 어떤 예술적 풍경도 이보다 더 근대화의 스펙터클을 정교하게 창출할 수는 없을 것이다.

하지만 오늘날의 탈산업화 사회에서 근대화의 스펙터클은 '근대화 슈퍼' 시절의 방식으로 작동하지 않는다. '사회'나 '국가'를 표상하는 일사불란한 오케스트라의 은유는 '완전 고용'에 가깝던 옛 시절에나 통했다. 멀게는 삼풍백화점이나 성수대교의 붕괴부터 가깝게는 세월호 참사에 이르기까지, 분업화된 업무는 무책임과 방관을 낳았고 대의적 체계는 부패와 부도덕, 경제적 양극화를 확대재생산해 왔을 뿐이다. 조화로운 합주를 만드는 거대한 오케스트라로 한국 사회를 표상할 수 있으리라고 이제 더는 믿기 어렵게 되었다. 전직 대통령에게 지휘봉을 선사한 오케스트라 지휘자의 퍼포먼스가 아름답게 보이지 않았던 것도 다른 정치적 이유에서라기보다는 그 시대착오적 성격 때문이었다.

사회학자 울리히 벡Ulrich Beck은 더 이상 개인들의 조화로운 목소리를 이끌어낼 수 없는 사회에 대한 분석과 처방을 '근대의 근대화'라는 역설적 표현으로 제시했다. 근대화 과정에서 건설한 도시, 즉 '새마을'이 전통적 '마을'에 대한 부정이었다면 그 '부정의 부정'으로서 '근대의 근대화'는 '마을의 재발견'이 될 수 있다. 다만, 이때의 재발견된 '마을'은 혈연과 지연 같은 연고주의에 얽매이지 않는 개인들의 자발적 공동체를 의미하게 될 것이다. 다시 오케스트라의 은유로 돌아온다면, '근대화의 스펙터클'을 과시하는 전문 연주자들의 오케스트라가 아니라 자유로운 개인들이 자발적으로 구성하는 '마을 오케스트라' 혹은 '공동체 오케스트라'community orchestra가 우리 시대의 새로운 정치적 은유가 될 수 있다. 그것은 국가주의에 바탕을 둔 '대의 민주주의'로부터 지역에 바탕을 둔 '참여 민주주의'로의 전환을 의미하는 것이기도 하다.

'공동체 오케스트라'는 단순한 은유가 아니라 구체화되고 있는 현실이기도 하다. 2014년부터 3년째 아마추어 오케스트라 축제를 개최하고 있는 세종문화회관에 따르면, 성인 중심의 자생적 아마추어 오케스트라만 전국에서 395개 단체가 운영 중이라고 한다. 그 밖에 학교 오케스트라와 동문 오케스트라 등의 아마추어 오케스트라까지 합산하면 무려 768개 단체에 이른다. 오케스트라는 단순한 음악 양식이나 수단이 아니다. 기획과 연습, 연주회에 이르기까지의 전 과정에 합리적 소통 모델이 적용되는 사회나 공동체 그 자체다.

음악이 다가올 사회에 대한 '예언자적 성격'을 갖는다는 자크 아탈리의 주장 역시 이런 맥락에서 곱씹어볼 만하다. 번번이 '국론 통합'을 외치는 대통령을 비롯한 위정자들의 모습에서 '근대화 슈퍼'의 촌스러운 풍경이 겹쳐 보이는 것도 이 때문이다. 21세기의 시민들은 이미 서로 다른 목소리를 스스로 조화시켜 가며 서로 다른 색깔의 공동체를 만들어갈 준비를 하고 있다. 그들은 더 이상 그들의 지휘봉을 저 찬란한 '근대화의 스펙터클'을 위해 양보하지 않을 것이다.

20 / 민중의 노랫소리가 들리는가

박근혜 후보가 2012년 12월 제18대 대통령으로 당선되던 날, 때맞춰 뮤지컬 영화「레미제라블」Les Miserables, 2012이 개봉되었다. 적어도 절반에 가까운(어쩌면 그 이상이었을) 한국인들에게는 참담한 선거 결과가 나왔지만, 그들의 정치 성향에 좀 더 호소할 만한 이 영화는 흥행에 성공한 편이었다. 일부 평론가들은 선거 결과에 실망한 유권자들이 혁명을 노래하는 영화를 보면서 '힐링 체험'을 했을 것이라고 분석했다. 작품 속 혁명 가요로 불리는「민중의 노랫소리가 들리는가?」Do you hear the people sing?가 대선 직후부터 이어진 여러 촛불집회의 운동 가요로 들리기 시작했던 사실에 비추어보면 그런 듯도 하다.

하지만 당시 이 노래 속의 '민중'이라는 단어는 적잖이 낯설게 들렸다. 민중은 이미 한국의 '대중'으로부터 환영받지 못하는 용어가 되었던 터이기에 그렇다. 2008년 광우병 소고기 수입 반대 촛불집회에서부터 그런 면모는 두드러지게 나타났는데, 낡은 '민중가요'는 시민의 자발적 참여로 이루어지는 새로운 시위 문화에 더 이상 어울리지 않는다는 인식이 당시에 널리 공유되었다. 같은 맥락에서 민중이라는 단어 자체에 대한 거부감도 공공연히 드러났다. 집회 참가자들은 민중이라는 적잖이 비장하고 전체주의적인 이미지가 덧씌워진 집단에 속하기를 바라지 않았다.

결국「민중의 노랫소리가 들리는가?」같은 민중이라는 단어가 담긴 노래가 2010년대의 집회 현장에서 큰 거부감 없이 불릴 수 있었던 것은 역사를 되돌린 퇴행적 정권의 탄생과도 관련이 있겠지만, 뮤지컬이라는 대중적 음악 양식이 민중가요의 이미지나 민중이라는 단어의 정치적 함의를 어느 정도 중화시켰기 때문이라고도 할 수 있을 것이다.

민중가요의 특수한 양식이 있었던 것은 아니다. 민중가요의 의의와 정체성은 생산과 유통, 소비의 '불온성'에 있었다. 1980년대와 1990년대 초까지 한국의 민중가요는 구술적 연행演行과 비합법 음반 매체('불법 테이프') 사용이라는 특징이 결합되면서 범주화되었다. 구술적 연행은 멀리 민요 전통으로 거슬러 올라갈 수 있겠지만, 대안적 매체로서 불법 테이프의 활용은 당시의 민중가요를 특징짓는 중요한 물질적 요소였다. 1990년대 초 정태춘이 '대중음악가'에서 '민중음악가'로 정체성을 바꿔가는 과정도 그랬다. 그는 당시 공연윤리위원회의 사전심의를 거부하고 '아, 대한민국'과 '1992년 장마, 종로에서' 같은 '불법 테이프'를 제작·유포했다.

한국의 민중가요, 곧 '민중의 노래'는 이렇듯 초법적 권력에 맞선 초법적 저항의 몸짓과 목소리에서 비롯되었다. 그 '민중의 노랫소리'에 힘입은 바가 컸음에도 한국 사회가 1990년대 후반에 이른바 '절차적 민주주의'를 달성했다고 자부했을 때, 민중은 그 기능과 역할을 다한 것으로 여겨져 용도 폐기되었다. '국민'이나 '대중'이라는 이름으로, 그 시대의 새로운 관용어로 말하자면, 인수·합병처리되었다. 정권 교체를 이룬 한국인은 '민중의 정부'가 아닌 '국민의 정부'를 기꺼이 받아들였고, 김민기의 「상록수」가 박세리의 여자프로골프리그LPGA 우승 장면의 배경음악으로 쓰이는 음악사의 반전을 보고 즐겼다. 그렇게 민중을 버리고 자발적으로 국민이 된 이후에 스무 해 남짓 지나고 보니 어느 샌가 역사는 민중가요 이전의 시대로 되돌아가 있다.

세계와 소통하는 세련된 음악들이 만들어지고 권력의 통제 밖에서의 매체 활용 또한 얼마든지 가능한 시대지만, 그 어느 때보다 음악이 권력자에게 별다른 위협이 되지 못하는 시대이기도 하다. 민중가요의 시대보다 더욱 치졸하고 망상적이며 몰상식한 초법적 권력이 만천하에 드러나고 있는 지금, 우리는 다시 묻고 있다. 민중의 노랫소리가 들리는가? 청와대와 여의도의 정치인들에게만 던질 물음이 아니다. 우리 자신이 오래도록 그 불온한 목소리를 자기 검열해 왔는지도, 아니 지금도 그 목소리에 스스로 귀를 닫고 있는지도 모르기 때문이다.

21 / 아시아문화전당, 그리고 금남로에서

'박근혜·최순실 게이트'와 문화계를 분탕질한 차은택의 범죄 행각이 드러나는 어수선한 정국에서 광주의 국립아시아문화전당(이하 ACC)이 개관 1주년을 맞았다. ACC는 개관 전부터 예산 삭감으로 직원 채용이 제대로 이루어지지 못하고 개관 직전에 예술감독이 교체되는 등 파행 운영을 거듭했는데, 작금의 정국과 관련된 음모가 개입돼 있었다는 일부 언론 보도도 있었다. 다소 을씨년스러운 분위기에서 열린 개관 1주년 기념 페스티벌이 ACC의 이런 상황을 반영한 듯했다.

그럼에도 준비 기간을 포함해 10여 년 동안 7,000억 원 이상의 공사비를 투입한 이 거대하면서도 아름다운 건축물은 광주의 자랑거리다. 지난주 개관 1주년 페스티벌을 관람하기 위해 서울에서 광주를 찾은 어느 미디어 아티스트를 만나 이야기를 나눴다. 그는 ACC 같은 초일류 문화예술 시설이 수도권으로부터 멀리 떨어진 곳에 있어 활용도가 떨어지는 데 대해 아쉬움을 토로했다. ACC가 '국립'이기 때문에 서울에서 활동하는 자신도 이 시설을 활용할 권리가 있다고 힘주어 말했다.

고개를 끄덕이며 듣다가 다음과 같은 그의 주장에 이르러서는 갸우

뚜해졌다. 지역문화재단이 별도로 있는 만큼 ACC는 '지역성'이 아닌 '한국'과 '세계(아시아)'에 초점을 맞추어야 한다고 주장하는 대목이었다. 과연 그럴까? 그도 흔쾌히 동의해 주었지만 수도권의 예술가나 관객이 진보적 예술 현장을 찾아서 불편을 감수하고 직접 지역을 방문해야 한다는 사실 자체가 문화적 전복의 의미를 갖는다. ACC의 존재 의의는 바로 그 '지역성'에서 출발하는 것이다.

ACC의 명칭에는 두 가지 키워드, 즉 '아시아'와 '문화'가 들어 있다. ACC는 '한국 문화'도 '세계 문화'도 아닌 '아시아 문화'를 표방한다. 여기서 아시아는 단순히 지리적 공간과 경계를 가리키는 말이 아니다. 그것은 '한국'이라는 단어에 함의된 폭력적 국가주의로부터도, 서양의 문화제국주의가 오염시킨 '세계'라는 이름의 허구적 보편성으로부터도 벗어나기 위한 하나의 방법으로 제시된다. 그것은 우리의 신체가 자리하는 물리적 공간(지역)을 잊지 않으면서도 어떻게 인간적 가치(보편)를 찾을 수 있을까라는 물음, 말하자면 '지역적 보편'이라는 21세기적 비전 탐구를 위한 키워드인 것이다. ACC는 아시아 예술가들이 모이고 소통하는 물리적 장소로서의 기능도 해야 하지만, 그에 앞서 지역적 보편의 가치 공유를 위한 역사·문화적 모델이 설정되어야 한다. '광주의 오월'이 그 핵심에 있어야 한다는 것은 두말할 필요가 없다.

ACC는 또한 '예술의 전당'이 아니라 '문화의 전당'이다. 음악인의 시각에서 둘의 차이는 쉽게 판별된다. 예술의 전당이라면 '예술음악'이 부각되고 '콘서트홀' 중심이 될 것이다. 하지만 예술의 융합, 나아가 예술과 삶의 융합이 강조되는 문화의 전당에서 음악은 융합예술을 위한 한 가지 중요한 매체로 간주될 뿐이다. 음악 전문가로서 아쉽게 느껴지는 부분이지만 ACC에는 어쿠스틱 음향을 세심하게 고려한 콘서트홀이 사실상 없다. 대신 '예술극장1' 같이 객석과 무대를 창작자의 의도대로 자유롭게 설치 구성할 수 있는 대규모 가변형 극장이 있으며, 그 밖에 사운드아트나 미디어아트의 융합적 상상력을 구현할 수 있는 첨단의 복합 전시관 시설을 갖추고 있다. 하드웨어가 그렇다면 그에 맞는 음악 공연이 기획되어야 하는데, ACC의 음악 공연 기획자들에게는 그 자체로 도전적 과제가 될 것이다. 요컨대 ACC는 20세기식 현대음악 연주회의 관습조차 뛰어넘는 문화적 전복성을 요구하고 있다.

지난 토요일에 ACC의 페스티벌 공연을 관람한 뒤 ACC와 맞닿은 금남로 거리에서 촛불집회에 참가했다. 거리에 모인 시민들은 어떤 전복의 순간을 예술적으로 꿈꾸고 있을까? 그들은 예술과 삶의 융합이 매번 차가운 아스팔트 위에서 연출되어야 하는 부조리한 나라의 예술적 국민이다. 내년 ACC 개관 2주년에는 촛불 시민들이 더 이상 추운 거리가 아니라 ACC의 예술 광장에 모일 수 있으면 좋겠다.

22 / 자존감과 자괴감

얼마 전 일부 누리꾼들이 걸그룹 멤버 수지(배수지)의 화보집 속 사진 몇 장에서 매춘과 롤리타Lolita 콘셉트가 보인다고 지적했다. 늘 그렇듯 당사자의 입장은 알 길 없고 소속사에서 법적 대응을 한다는 둥 으름장이다. "뭘 새삼스럽게 ……"라고 관심을 거두다가, 문득 그 화보집의 제목에 눈이 갔다. '하루라도 젊을 때', 그러고 보니 '하루라도 젊을 때'('한 살'도 아니고 '하루'다)는 우리 사회에서 이미 관용어처럼 쓰이고 있었다. "물 들어올 때 노 저어라"라는 실용주의적 처세의 논리가 일상의 정치를 장악한 결과일 것이다. 어쨌거나 자존심 따위는 내버린 듯한 그 화보집의 제목은 문제가 된 화보 이미지들과는 별개로 보는 이에게 민망함을 안겨주었다.

2002년 어느 신용카드 회사의 "부자 되세요"라는 광고 카피가 큰 인기를 얻으면서 논란이 된 적이 있다. 당시 한국 사회는 외환위기를 겪으면서 신자유주의적 경쟁 사회로 급격히 변모하고 있었다. 신용카드를 내밀며 부자 되라고 덕담을 건네는 부조리도 문제였거니와, '빈락'貧樂을 논하던 전통적 삶의 품위와 자존심이 상실되는 징후로 보였기 때문이다. 15년이 지난 오늘날에는 격세지감이 느껴지는 일이기도 하다.

이제 "부자 되세요" 정도의 말에 불편함을 느끼는 이들은 더 이상 존재하지 않을 것 같다. '금수저'든 '흙수저'든 간에, 부자로 살기 위해 '노오력'하면서 자존심 따위는 접어두는 것이 오늘날 '헬조선'의 풍경이다.

총체적으로 자존심을 잃어버린 한국 사회의 반영일까? 최근 들어 '자존감'에 대한 대중적 관심이 늘어나고 있다. 자존감을 다루는 심리학자들이 공통적으로 지적하듯이, '높은 자존감'이 항상 좋은 것은 아니다. "부자 되세요"라는 구호가 유행할 무렵이었을 것이다. 식당에서 난동을 부리는 꼬마를 주변 손님이 타이르면 오히려 그 손님에게 "아이 기죽이지 말라"고 득달같이 따지던 부모들이 있었다. 그 아이들은 높은 자존감을 가지며 자랐을지도 모른다. 하지만 타인을 존중하는 일에 무능한 이들이 자기에 대한 존중에 유능할 리 없다. "아이 기죽이지 말라"며 생떼를 부리던 부모들은 정작 '기죽어 살았던' 이들일 가능성이 높다. 군사독재 시기, 영화 「말죽거리 잔혹사」2004에서 적나라하게 묘사되었던 교육 현장의 무자비한 폭력들. 힘센 자들의 폭력에 길들여져 자존감이 결핍된 이들이 상상할 수 있는 자존감이란 겨우 그 비합리적 권력자를 모델로 한 것일 수밖에 없다. 그것은 누구의 눈치도 보지 않고 뻔뻔스러워지는 것, 어떤 경우에도 자신의 행동을 합리화하는 것이다.

이런 식의 높은 자존감은 사실상 자존감의 결핍과 다름없다. 진정한 자존감에 전제되는 도덕 감정이 여기서는 작동하지 않는다. 박근혜 대통령의 경우도 그렇다. 국회의 탄핵소추안이 통과된 뒤 발표한 대국민 담화에서 그는 '스스로 부끄러워하는 마음'이라는 뜻의 '자괴감'이라는 단어조차 '후회'나 '억울한 마음'이라는 뜻으로 썼다.

박 대통령은 자존감이 높은 사람일까? 어린 시절부터 청와대에서 공주 대접을 받으며 자라왔으니 그럴 것이다. 하지만 그는 아버지 박정희의 폭력적 권력 남용을 자존감의 모델로 삼고 있었다. 그렇게 왜곡 형성된 자의식으로부터 성찰과 부끄러움을 아는 진정한 자존감을 기대하기는 어렵다.

충격적인 국정농단 사태가 드러난 지 3개월이 되도록 스스로 책임지고 나서는 이가 단 한 명도 없다. 한 나라의 국민으로서 자괴감이 느껴지는 대목이다. 눈을 돌려보면, 어떤 부당한 지시에도 순응하는 공무원들, 소속사에 대한 순종과 복종을 당연시하는 아이돌 멤버들이 이 시대 젊은이와 청소년들에게 성공의 표상이 되어 있다는 사실은 이제 섬뜩하기까지 하다. 한국인의 잃어버린 자존감을 되찾는 방법은 무엇일까? 자존감을 지키는 삶이란 어떤 방식의 개인적 삶을 택하는가에 달려 있기보다는 이 사회를 어떤 방식으로 바꾸어내는가에 달려 있다. 저 촛불의 광장에 기대를 품게 되는 것도 이 때문이다. 광장에 봄이 찾아올 무렵 한국인의 잃어버린 자존감도 다시 꽃필 수 있으리라는.

23 / 윤이상이라는 이름

20세기 음악사를 다룬 앨릭스 로스Alex Ross의 『나머지는 소음이다』*The Rest is Noise*에 소개된 뜻밖의 사실 한 가지. 제2차 세계대전 직후 독일을 점령한 미군정OMGUS이 다름슈타트 국제 신음악 하계음악제가 출범할 때부터 예산의 20퍼센트가량을 지원했다는 것이다. 다름슈타트의 하계음악제는 이후 아방가르드 현대음악의 국제적 산실이 된다. 카를하인츠 슈토크하우젠Karlheinz Stockhausen, 피에르 불레즈Pierre Boulez, 존 케이지 같은 굴지의 현대음악가들이 이 음악제를 거쳐갔다. 올해 탄생 100주년을 맞은 윤이상도 예외가 아니다.

미군정이 '현대음악'을 지원한 것은 독일의 '탈나치화'를 위한 이른바 '심리전'의 일환이었다. 이해가 쉽고 집단적 정서에 호소하는 조성음악 대신에 개인화된 자유로운 아방가르드 음악의 미학적 가치를 우위에 둠으로써 전체주의의 발흥을 저지하겠다는 전략이었다. 그것은 물론 소련과 현실 사회주의 세력에 대한 견제의 의미도 있었다. 로스에 따르면, "OMGUS의 뒤를 따라 중앙정보국CIA이 가끔씩 심히 복잡한 아방가르드 작품들이 포함된 축제의 자금을 지원했다."

위와 같은 사실은 한국의 냉전 정치세력들이 작곡가 윤이상을 대해 왔던 방식과 극적인 대조를 이룬다. 1960년대 후반에 박정희 정권과 중앙정보부는 이른바 '동백림 사건'의 간첩 혐의로 윤이상을 독일에서 국내로 납치해 와 고문을 자행하고 2년 가까이 교도소에 감금했으며, 세계적 비난 여론이 들끓자 마지못해 석방한 뒤 추방했다. 미국 정부와 CIA라면 음렬기법과 무조성無調性을 고수했던 윤이상의 아방가르드적 현대음악을 오히려 지원했을 것(최소한 공산주의자로 몰지는 않았을 것)이지만, 한국에서는 정반대의 상황이 벌어진 것이다.

1980년대 이후로 특히 자주 있었던 윤이상의 방북 활동은 한국 내 냉전 세력들이 최근까지 그의 이념을 문제 삼도록 만든 빌미가 되었다. 남한 입국이 거부되어 있던 당시에 윤이상이 선택할 수 있는 유일한 '조국 방문'이었음을 고려해야 하지만 의문이 남는다. 북한 정권은 왜 윤이상과 그의 음악을 받아들였을까? 윤이상의 난해한 현대음악은 '인민이 이해하기 쉬운 음악'을 전체주의적 기조로 삼는 북한의 관료화된 문예정책에 정면으로 반하는 것이었다. 아마도 '동백림 사건'이 없었다면 북한 정권이 윤이상의 급진적 현대음악을 지원하는 일도 없지 않았을까? 사실상 '남한 정부의 정치적 핍박을 받고 있는 세계적 명성의 작곡가'라는 윤이상 카드를 북한 정권의 입장에서는 버리기 어려웠을 것이다. 중요한 사실은 북한 정권의 환영을 받았다고는 하지만 윤이상의 음악 그 자체는 대중적 조성음악 언어로 바뀌지 않았다는 점, 즉 그의 음악은 단 한번도 '친북적'이었던 적이 없다는 사실이다.

김영삼 정부 시절인 1994년 윤이상의 한국 방문이 시도됐다. 하지만 "지난날 국민들에게 심려를 끼쳐 미안하다는 것과 앞으로는 예술에만 전념하겠다는 뜻을 밝혀"달라는 당시 이홍구 부총리 겸 통일원 장관의 서신을 전달받고 윤이상은 정중히 한국 방문을 거절했다. 이듬해에도 방한 기회가 있었지만, 이번에는 주사파 성향의 활동가들이 그를 찾아가 한국 방문을 강행할 경우에 공항에서 분신자살이 행해질 것이라고 협박했다. '통일운동가'라는 이들의 위선적 행태에 실망한 나머지 윤이상은 이날 심장발작으로 응급실에 실려 갔다고 한다. 그해 윤이상은 고향땅을 다시 밟지 못한 채 독일에서 눈을 감았다.

그의 사후 고향 통영에서는 윤이상을 기리는 '통영국제음악제'가 성공적으로 자리를 잡았지만, 최근 '윤이상 콩쿠르'의 지원금 중단 해프닝에서 볼 수 있었듯이 그는 여전히 누군가의 '블랙리스트'에 올라 있다. 그의 음악을 사랑하는 이들조차 종종 '예술에만 전념'하라는, 작곡가 자신이 모욕을 느꼈던 누군가의 바람을 넘어서지 못하는 듯하다. 윤이상의 삶은 모순으로 가득 찬 한국의 현대사이자 냉전의 세계사 그 자체다. 탄생 100주년, 윤이상을 기억하는 일이 작곡가로서 그의 세계적 명성이나 순수음악적 가치를 재확인하는 데에 그쳐서는 안 되는 이유다. '윤이상'이라는 이름은 한반도 평화의 미래를 향한 미학적 · 정치적 공감의 교두보다.

24 / 죽은 시니어의 사회

학교 교사인 지인이 "요즘 학생들은 선생님을 존경하지도, 정을 주지도 않아서 예전만큼 가르칠 맛이 나지 않는다"라고 한탄하자, 부인께서 담담한 어조로 폐부를 찔렀다고 한다. "그 아이들도 젊은 선생님들한텐 다를걸." 그 이야기를 전해 듣고 크게 웃다가 남 일이 아니라는 생각에 정신이 번쩍 들었다. 그제서야 깨달았다. 늙음에 대한 자인自認은 환멸을 수반하는 계몽적 인식과도 같다는 사실을.

오늘날 노년이나 늙음과 관련된 문제는 예전과는 조금 다른 형편에 처한 듯하다. 늙음 자체보다는 제대로 늙을 수 없다는 것이 새로운 문제가 된 것으로 보인다. 평생직장 개념이 붕괴한 무한 경쟁사회, 끝없는 자기혁신과 평생학습의 구호 속에서 한국인들은 더 이상 늙을 수가 없다.

사회적 안전망이 사실상 전무한 상황에서 '호모헌드레드' 시대의 개막이라는 소문은 불안만을 가중시킨다. '나이는 숫자일 뿐'이라는 말이 허튼 표현이 아니다. 한국인들은 실제로 늙지 못한 채 나이만 먹고 있다. 낡은 것이 초 단위로 폐기되는 사회에서 그들은 필사적으로 젊음을 유지하고자 한다.

늙거나 낡아서 오히려 가치 있다고 여겨지는 것들이 있다. 고전문학이나 고전음악 같은 '고전'古典 텍스트가 그렇다. 하지만 이제는 그러한 고전의 가치조차 '새로운 것' 혹은 '미래의 것'과의 관련성을 증명할 때에만 비로소 승인된다.

이 시대의 고전은 '명문대 선정 고전문학 100선' 같은 표식을 붙이고서야, 혹은 종종 'K'자가 붙는 한류 문화 콘텐츠 개발을 위한 문화 자원으로서 내세워질 때에야 그 효용이 인정된다. 미래를 위한 전략과 투자에 쓸모 있는 낡은 것들, 한국에서 고전이란 말하자면 재건축 가능성이 있는 낡고 비싼 아파트와 같은 것이다.

대한민국의 근현대사 전체가 사실상 '새로운 것'에 대한 추종과 '낡은 것'에 대한 폐기와 개조의 역사다. 대한민국에서 새로운 것에 대한 맹종이 극에 달했던 시기가 있다. 1960년대와 1970년대, 박정희의 철권통치 시절이다. '근대화'가 동네 슈퍼의 이름이기까지 했던 당시에 '새로워야 한다'는 것은 일종의 신앙이었다. '새마을운동'과 '새마음운동', 이 시대 권력의 요구에 응답했던 순박한 국민들은 '새로움'을 향한 일사불란한 행진 대열에 기꺼이 동참했다. 그리고 한 세대 이상이 지난 지금, 그들 가운데 일부가 리프팅 시술을 거듭한 '유신維新의 공주'와 함께 제때 늙지 못하고 나이만 먹은 채 이른바 '태극기 집회'에 모였다. 한 손에 성조기를 들고 여전히 저 1970년대식 근대화에 대한 청춘의 신념을 불태우면서.

그러니 촛불광장의 젊은이들로부터 '틀딱'(틀니 부딪치는 소리라는 뜻)이라 조롱받는다고 해서 그들을 주책없는 '늙은이'로만 생각해서는 곤란하다. 그들이 대한민국의 역사에서 그 어느 때보다 맹렬하게 '새로움'을 추구했던 세대라는 사실 또한 잊어서는 안 된다. 요컨대, 우리가 '틀딱

세대'로부터 진정으로 청산하고 결별해야 할 것은 그들이 가진 유신의 기억, 반공 이념으로 화한 맹목적 개신改新의 신앙이다.

촛불시민의 자격이 '젊음'에서 오는 것은 아니다. 청산해야 할 적폐를 늙음이나 낡음 그 자체로 착각할 경우 '틀딱'은 차례로 1980년대 민주화 세대, 1990년대의 IMF 세대, 심지어 2010년대의 세월호 세대로 이어질 것이다. 돌아보면 세월호 참사의 주원인 가운데 하나가 불법적 '개조'였다. 당시 박근혜 정부의 대응 또한 적반하장 '국가 개조'였다. 대통령 탄핵결정 이후에도 적폐의 정치인들은 대놓고 '내각제 개헌'을 말하고 있다. 우리는 언제까지 새로워져야 할까?

모든 나이 듦이 '꼰대질'과 '갑질'이 되는 사회, 더 이상 향기 나게 늙지 못하는 사회는 병든 사회다. '죽은 시니어의 사회'는 젊은이들에게도 불행한 사회다. 그것은 다른 의미에서 '미래가 없는 사회'이기 때문이다. 촛불의 광장은 '새로운 것'을 위한 자리만은 아니었다. 광장의 촛불이 밝혀주었던 것은 '민주주의'라는 이름의 낡고 진부한 이념이었다. 우리가 진정으로 추구해야 할 소중한 것은 종종 그렇게 낡고 오래된 것들 속에 있다.

맺는말

이 작은 책에 모인 글들은 음악을 열린 텍스트로 간주하면서 그 외연을 최대한 넓혀 다룬, 확장된 의미의 음악 평론이라고 해도 좋을 것이다. 나에게 음악 평론이란 소리를 매개로 행해지는 모든 감성적 소통에 대한 이론적·실천적 개입이라 할 수 있다. 음악을 열린 텍스트로 간주하는 것은 그 자체로 관습화된 음악작품 개념과 장르 문법, 이를 기반으로 견고하게 조성된 음악제도에 도전하는 정치적 행위가 된다. 이 책은 그런 의미에서 불가피하게 정치적이고 불순한 글들의 모음이 되어 있다.

원래의 글들이 실렸던 매체의 형식도 다양할 뿐만 아니라 글들이 담겼던 지면이나 코너의 성격 역시 음악과 직접적 연관이 없는 경우도 많았다. 어느 경우든 다양한 독자를 고려하며 인문학이나 문화 일반에 대한 쟁점을 음악과 관련된 양식적 사고를 매개로 탐색하고, 반대로 음악에 대한 쟁점을 더 넓은 인문학 개념과 문화 연구의 비평적 담론의 형식 속에서 점검하고자 했다. 요컨대 이 책은 음악과 음악 아닌 것 사이, 나아가 음악과 또 다른 음악 사이의 접점과 경계 영역에서 이루어진 비판적 사유의 흔적으로 간주될 수 있을 것이다.

글들의 내용과 성격을 고려하면서 차례를 정했지만, 각각의 글들이 독립적으로 씌어졌던 만큼 독자들은 관심이 가는 주제를 순서에 상관없이 골라 읽어도 좋을 것 같다. 다양한 관심사들이 파편적으로 제시되면서도 지난 수년간 좀 더 폭넓은 감성연구의 차원에서 지속적으로 관심을 가져온 주제들이 음악적으로 변주를 이루며 반복되고 있다는 점을 밝혀둔다. 감정자본주의적 사회 관계에서 강화되고 있는 경쟁 이데올로기에 대한 비판, 중심과 주변의 위계 관계 속에서 억압되는 타자의 정치학, 디지털 혁명으로 일컬어지는 탈산업사회에서 사회적 관계 맺기의 변화와 잠재적 힘에 대한 모색 등이 그것이다.

다른 한편, 전 지구화 현상을 배경으로 지역성과 장소성을 바탕으로 한 새로운 감성적 주체의 구성에 대한 관심 역시 여러 글에 담겨 있다. 이러한 관심은 지역적 기반의 보편학을 추구하는 전남대 호남학연구원의 동료 연구자들이 함께 나누고 있는 것이기도 하다. 이 지면을 통해 연구원 소속 교원 선생님들과의 학문적 연대에 대해서 새삼 감사의 마음을 전한다. 많고 많았던 토론의 시간들, 밀고 당기는 긴장 속에서 행한 '조율'의 과정과 서로의 마음이 통한 '공명'의 순간들이 이 책의 여러 글 속에 잔향으로 남아 있을 것이다. 독자들과도 그런 조율과 공명을 나누고 싶다. 음악 너머 공감하는 삶의 낙樂을 찾아가면서.

2018년 6월

최유준

글의 출처

제1장 | 무지카시네마 음악과 영화 사이

1. 진정성 과잉 추구 시대의 음악:「원스」와「원스 어게인」/ 웹진 'WEIV', 2014. 10. 1.
2. 노래가 구원을 줄 수 있을까:「비긴 어게인」/ 웹진 'WEIV', 2014. 10. 10.
3. 그녀들의, 혹은 우리들의 현실:「나인 뮤지스, 그녀들의 서바이벌」/ 웹진 'WEIV', 2014. 10. 20.
4. 사랑하는 사람들은 늙지 않는다:「쎄시봉」/ 웹진 'WEIV', 2015. 2. 12.
5. 초절기교와 예술 사이:「위플래쉬」/ 웹진 'WEIV', 2015. 3. 31.
6. 노래방 기계 화면에 비친 해변의 추억:「와이키키 브라더스」/ 권대중 외,『미학과 그 외연』(김문환 교수 정년퇴임 기념 논문집), 월인, 2010.
7. 피아노 건반에 드리운 모성의 그림자:「호로비츠를 위하여」/ 권대중 외,『미학과 그 외연』(김문환 교수 정년퇴임 기념 논문집), 월인, 2010.
8. '아우슈비츠' 이후의 음악:「피아니스트」/ 웹진 '아르떼 365', 2013. 6. 4.
9. 기술복제 시대의 음악:「피아니스트의 전설」/ 웹진 '아르떼 365', 2013. 7. 2.
10. 철새가 사라진 자리, 눈먼 민요:「서편제」와「천년학」/ 웹진 '아르떼 365', 2013. 8. 13.
11. 늙어버린 클래식에게:「콰르텟」/ 웹진 '아르떼 365', 2013. 9. 3.
12. 노래는 어디에:「그 여자 작사 그 남자 작곡」/ 웹진 '아르떼 365', 2013. 10. 8.
13. 자유예술가의 사회적 조건:「아마데우스」/ 웹진 '아르떼 365', 2013. 11. 12.

14. 음치란 무엇인가: 「사운드 오브 노이즈」/ 웹진 '아르떼 365', 2013. 12. 3.

제2장 | **조율** 음악과 음악 사이

1. 집고양이, 길고양이 혹은 민요의 존재론 / 웹진 '라라', 2014. 3. 19.
2. 리얼리티 음악 경연 프로그램과 갈등의 서사 /『음악과 민족』, 제42호, 2011. 10.
3. 음악학의 아마추어리즘을 위하여 /『음악과 민족』, 제43호, 2012. 4.
4. 음악의 예언자적 성격과 인문학적 상상력 /『음악과 민족』, 제45호, 2013. 4.
5. 말러와 교향곡, 그리고 평론 /『춤과 무용』, 12월호, 2014.
6. 뮤지컬 무대에서 이루어진 흑백 인종 간 화해 / '아르떼 365', 2014. 2. 11.
7. 음악과 여성 혐오 /『플랫폼』, 제53호, 2015. 9~10.
8. 오디션을 넘어 플랫폼으로 /『플랫폼』, 제49호, 2015. 1~2.
9. 아시아와 문화, 그리고 정치 /『오늘의 작곡가 오늘의 작품』, 제9호, 2016. 8. 15.
10. 서양음악의 지역화와 한국음악의 탈지역화 /『중앙선데이』, 제509호, 2016. 12. 11.
11. '이것은 음악이 아니다?': 마주침과 잠재성, 그리고 혁명에 대하여 /『오늘의 작곡가 오늘의 작품』, 제10호, 2017. 2. 25.
12. 중년에 악기를 배우며 /『월간 에세이』, 2014. 8.
13. 클래식, 대화의 음악 / 서울대학교 음악대학 소식지『울림』, 제20호, 2017.
14. 박수와 경청의 미덕 / 국립극장 소식지『미르』, 2017. 9.
15. 광주시향과 오월 광주 / 광주시향 소식지『월간 GSO』, 제27호, 2018. 5~6.

제3장 | **공명** 음악과 문화 사이

1. 서울시향과 '조율' /『경향신문』, 2014. 12. 12.
2. 과거를 노래하는 문화 /『경향신문』, 2015. 1. 13.
3. 듣는다는 것 /『경향신문』, 2015. 2. 12.
4. '예술인간 시대'와 오디션 인간 /『경향신문』, 2015. 3. 19.
5. 나라 사랑 노래, 아름답거나 추하거나 /『경향신문』, 2015. 4. 16.
6. '잔혹한 딸들'의 사회 /『경향신문』, 2015. 5. 14.

7. 전염과 공명 / 『경향신문』, 2015. 6. 11.
8. 음악 축제의 교환가치와 사용가치 / 『경향신문』, 2015. 8. 6.
9. "기쁘다 민자 언니 오셨네" / 『경향신문』, 2015. 9. 3.
10. 음악과 음학音學 사이 / 『경향신문』, 2015. 9. 30.
11. '쇼팽 콩쿠르'와 노력 / 『경향신문』, 2015. 10. 29.
12. 퓨전 시대의 전통음악 / 『경향신문』, 2015. 12. 7.
14. 크리스마스의 '음풍경' / 『경향신문』, 2015. 12. 24.
14. 아이돌 공화국의 인권 / 『경향신문』, 2016. 2. 25.
15. 알파고의 시대, 능력 주체를 넘어서 / 『경향신문』, 2016. 3. 24.
16. 사투리, 그렇게 좋은 것을 / 『경향신문』, 2016. 4. 21.
17. 「님을 위한 행진곡」, 민주적 '합창'을 위하여 / 『경향신문』, 2016. 5. 19.
18. 음악회의 '우리' / 『경향신문』, 2016. 8. 2.
19. '근대화 슈퍼'와 공동체 오케스트라 / 『경향신문』, 2016. 9. 8.
20. 민중의 노랫소리가 들리는가 / 『경향신문』, 2016. 11. 18.
21. 아시아문화전당, 그리고 금남로에서 / 『경향신문』, 2016. 11. 31.
22. 자존감과 자괴감 / 『경향신문』, 2017. 1. 26.
23. 윤이상이라는 이름 / 『경향신문』, 2017. 2. 23.
24. 죽은 시니어의 사회 / 『경향신문』, 2017. 3. 23.